AF258784

I

DE L'INVASION

À

L'ANARCHIE

Préface par ÉMILE GAUTIER

SIXIÈME MILLE

PARIS

ERNEST FLAMMARION, ÉDITEUR

26, RUE RACINE, PRÈS L'ODÉON

[illegible]

[illegible]

[illegible]

[illegible]

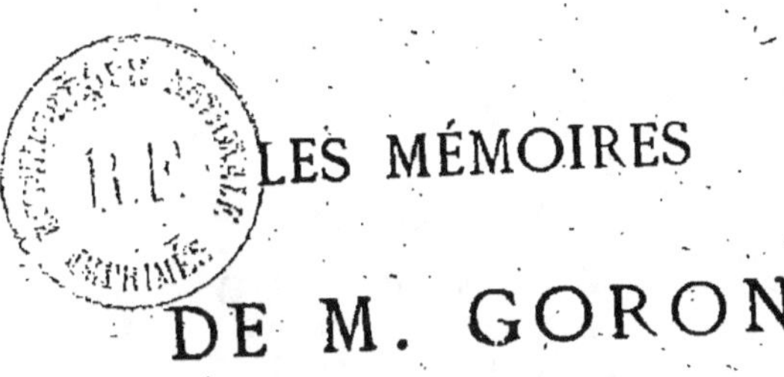

LES MÉMOIRES

DE M. GORON

Les Mémoires
de M. Goron

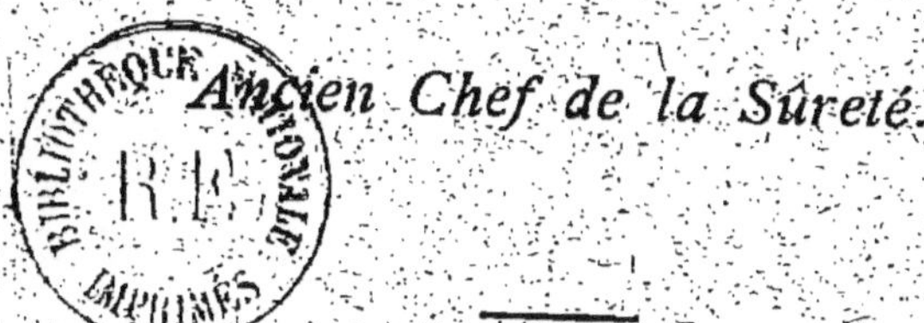

Ancien Chef de la Sûreté.

DE L'INVASION A L'ANARCHIE

PARIS

ERNEST FLAMMARION, ÉDITEUR

26, RUE RACINE, PRÈS L'ODÉON

On ne fait pas toujours sa destinée, on ne remplit pas toujours sa vocation, et l'histoire des individus, comme l'histoire des nations, est fertile en surprises.

Je nous revois encore, par les yeux de la mémoire, Goron et moi, aux temps lointains — oh! combien! — de notre commune adolescence. Nous ne nous quittions guère, car nous nourrissions déjà l'un pour l'autre cette sympathie inaltérable, quoique coupée de fréquents et furieux orages, que le temps a depuis si fortement cimentée. Mais quel drôle de couple nous faisions! Rien, assurément, sauf la mystérieuse loi des contrastes, ne semblait devoir apparier deux êtres aussi contradictoires!

Tout d'abord, au physique, l'antithèse éclatait. Grand, dégingandé, alangui, mince et svelte (ma parole d'honneur que je n'avais pas encore de ventre, à cette époque préhistorique, et l'on m'eût joliment estomaqué en m'annonçant qu'un jour viendrait où il me manquerait à peine quelques livres pour être admissible au banquet des 100 kilos), j'avais l'air d'une asperge — couronnée d'une invraisemblable toison de cheveux bouclés, d'un noir d'ébène. Ce qu'il a neigé là-dessus, ce n'est rien de le dire ! Goron, lui, était de petite taille, trapu, tondu ras, avec le poil fauve, et dans l'œil, d'un gris changeant, l'éclair aigu de ce regard en vrille, pénétrant, inquisitorial, « rœntgêneur », sous lequel plus tard les vers devaient sortir tout seuls des nez coupables. Tous deux solides au poste, du reste, et d'une endurance rare, sous des apparences plutôt chétives, nous professions une commune passion pour les sports les plus variés, parmi lesquels le billard, la natation et la vélocipédie tenaient cependant une place d'honneur. Oh ! ces courses folles en vélocipède ! On ne connaissait pas encore l'élégante et légère bicyclette d'aujourd'hui, et force était aux velocemen de chevaucher d'horribles « bécanes », grinçantes et lourdes à faire frémir, et fécondes en « pelles » dont je prenais mon parti avec résignation et sérénité, mais qui mettaient Goron en fureur.

Car, au moral, la différence entre les deux types s'accusait encore davantage. Exalté, casse-cou, subversif, indiscipliné, impatient du joug, enragé d'aventures extraordinaires, toujours prêt à s'asseoir sur les traditions, les préjugés et même les lois, mon « rouquin » d'ami figurait la turbulence incarnée. J'avais, tout au contraire, les apparences de la sagesse réfléchie, et, dans cet attelage à deux, dont les allures de chevaux échappés scandalisaient un brin les paisibles populations malouines est rennaises, je représentais plutôt la pondéra-

tion, l'ordre, la patience, la régularité, le
respect (relatif) des choses établies : logi-
quement, je semblais devoir finir dans la
peau d'un parfait notaire, d'un professeur
correct, ou d'un fonctionnaire modèle.
Malheureusement — ou heureusement —
il y avait, tout au fond de mon âme (comme
au fond de l'âme de Goron, du reste), ce
tout petit grain de sentimentalisme roman-
tique dont aucune âme celte, éclose dans
l'arome subtil des ajoncs, n'est exempte :
il n'en a pas fallu davantage, avec je ne
sais quelle occulte frénésie de justice absolue, pour bouleverser les plus probables
pronostics.

Il y avait dans notre association bicé-
phale l'étoffe à la fois d'un anarchiste et
d'un chef de la Sûreté. Personne, il y a
trente ans, parmi ceux qui nous connaissaient le mieux, n'eût hésité seulement une
minute sur la distribution des rôles. Et
pourtant, les prophètes se seraient mis le
doigt dans l'œil, car le chef de la Sûreté...

ce ne fut pas votre serviteur soussigné. Si Goron et moi nous pouvons nous vanter d'avoir également peuplé les prisons d'État, ce n'est pas tout à fait de la même façon. Tout arrive !

Qui sait, cependant, si le plus révolutionnaire des deux, en dépit des fallacieux caprices du sort, est positivement celui qu'on pense ? A-t-il jamais, en effet, je vous le demande, été publié un réquisitoire plus subversif — au point de vue philosophique, s'entend — contre nos traditions administratives et juridiques, contre l'appareil de protection et de défense sociales, contre les cruautés obligées et les machinales iniquités de la *Loi*, que ces pittoresques et vibrants *Mémoires* d'un policier légendaire, auxquels l'ironie des circonstances devait coudre la préface d'un repris de justice ?

Pour qui sait, en effet, lire entre les lignes, l'impression maîtresse qui se dégage du livre de Goron, derrière la blague voulue par où coule de source l'esprit papillotant,

frondeur et sceptique de Gavroche, c'est
une note profondément humaine, vibrante
d'un intense souci d'une justice plus exacte
et moins revêche, et d'une indulgence assez
compréhensive et assez souple pour s'é-
tendre aux pires pécheurs.

Pour faire le procès à l'esprit suranné,
tatillon, hargneux, aigre et brutal, qui ins-
pire encore — ataviquement, pour ainsi
dire — en dépit du progressif adoucisse-
ment des mœurs et de la bonne volonté des
hommes, les institutions de jugerie, pour
dénoncer la sécheresse d'un Code qui ne
connaît que des « espèces », les plus véhé-
ments cris de révolte, les revendications
les plus incendiaires ne vaudront jamais la
suggestion de ces menues réminiscences
au jour le jour, sans prétention, si courtoises
et si gaies, où l'on sent frémir plutôt le
cœur désabusé d'un médecin débordant de
sollicitude pour ses malades que l'âme
amère d'un redresseur de torts.

Il faudrait que la justice, dont les œuvres

contiennent fatalement tant de hasard, s'efforçât d'être plus juste, encore plus juste, toujours plus juste, et se fît par conséquent un perpétuel devoir de mêler l'eau d'une mansuétude raisonnée au vin pur de son orgueilleuse et automatique implacabilité. Telle est la haute morale de ce roman vécu, où passe d'un bout à l'autre comme un souffle de pitié, et où les philosophes les plus raffinés comme les simples dilettanti et les collectionneurs d'anecdotes trouveront également leur pâture.

Néanmoins, les *Mémoires* de Goron ne sont pas seulement une thèse critique, à tendances réformatrices, et je connais trop l'homme pour croire que l'idée de faire la leçon à ses contemporains ait pu un seul instant effleurer son cerveau. Il dit ce qu'il pense et ce qu'il sait, voilà tout. Mais les faits qu'il raconte, avec une verve si captivante, parlent haut à sa place, avec d'autant plus d'éloquence que c'est la vie elle-même, saignante et palpitante, avec ses dessous mystérieux et ses ressorts cachés, qu'ils étalent au grand jour, sous les yeux effarés des professionnels de la psychologie.

Voulez-vous pénétrer les intimités compliquées de la bête humaine, comprendre à quoi riment exactement les grands mots avec lesquels se gargarise notre snobisme, ce que valent, dans le détail quotidien de l'existence courante, la vertu, l'honneur, le patriotisme, l'amitié, l'amour, etc., combien peu de chose il faut parfois pour faire un monstre d'un héros et un criminel d'un honnête homme, combien, en conséquence, nos fiertés les plus légitimes en apparence sont vaines, précaires et fallacieuses, lisez ces souvenirs d'un homme qui a mis la main à la pâte, surpris tant de secrets, forcé tant de portes, reçu ou capté tant de confidences, démonté tant de rouages insoupçonnés. Vous en apprendrez plus long que dans les esthétiques élucubrations des plus subtils spécialistes de la littérature imaginative.

Voilà pourquoi les *Mémoires* de Goron, dont chaque page est une tranche de vie, ont eu, dans les milieux les plus divers, chez les concierges comme chez les étudiants, chez les épiciers comme chez les dynamitards, dans les classes libérales comme dans le monde ouvrier, auprès de la magistrature, de l'armée, du clergé, et même — pour ne pas dire surtout — auprès des femmes, un succès si universel, si franc et si mérité.

Rien ne passionne comme l'histoire, parce que c'est l'humanité elle-même, dont nul ne saurait s'abstraire ni s'isoler, qu'on met en scène, qui parle et qui agit. Non plus que les plus raffinés, les plus frustes n'échappent pas à son sortilège. Et les *Mémoires* de Goron sont mieux que de l'histoire : ils sont l'incomparable dossier, d'un réalisme supérieur, où viendront forcément se documenter ceux qui, plus tard, chercheront à connaître l'état d'âme et les mœurs de cette fin de siècle, avec les mobiles profonds des faits et gestes contemporains.

Peut-être bien tout de même que, si Goron n'avait jamais été que le bon fonctionnaire, le strict serviteur de la Loi, le banal « emballeur », il n'aurait pas vu si clair ni si juste, ni éclairé d'une si vive lumière la zoologie de l'homme civilisé. Mais il restait toujours l'insurgé de notre tumultueuse jeunesse, et un peu de l'âme séditieuse d'autrefois avait survécu *sous* l'écharpe tricolore du chef de la Sûreté, comme sous la veste azur du turco de Villersexel et sous le *poncho* amadou de l'explorateur du Grand-Chaco.

Qu'il permette à son vieux camarade, au « régulier » qui a mal tourné, de lui en faire son compliment — après cent mille lecteurs !

ÉMILE GAUTIER.

LES
MÉMOIRES DE M. GORON

AVANT-PROPOS

LE PASSÉ D'UN FONCTIONNAIRE

Je ne suis certainement pas de ceux dont la vocation s'est affirmée dès l'enfance. Je me vois encore dans la cour ombragée d'arbres du lycée de Rennes, protestant avec indignation contre les camarades qui voulaient me faire jouer le rôle de gendarme, dans le jeu des brigands, alors fort à la mode parmi les collégiens. Je voulais bien être le brigand qui fait le pied de nez au gendarme, mais mon amour-propre souffrait cruellement d'être le gendarme bafoué par les brigands.

Je n'avais pas non plus un respect religieux de l'autorité. Je n'étais pas un mauvais élève, je crois même bien me souvenir que j'étais fort en grec ; mais tous mes bulletins portaient cette mention qui faisait froncer les sourcils de mon père : « Discipline médiocre ». Du lycée, je passai au collège Saint-Vincent-de-Paul, dirigé par des prêtres.

Là, mes fâcheuses tendances s'affirmèrent d'une façon telle, que ma pauvre mère en pleura, me considérant, dans sa foi naïve, presque comme un sacrilège. Je faisais très rapidement mes devoirs, et, ma besogne finie, j'avais l'habitude tout à fait coupable de promener sur mon pupitre des hannetons ou des lézards qui avaient reçu au préalable une éducation bien plus sévère que la mienne.

Un beau jour, le prêtre qui nous gardait, impatienté, s'avança vers moi et me donna un violent coup de règle sur les doigts. La douleur m'arracha un cri et la colère me monta au cerveau ; je m'élançai sur le pion, et, comme j'étais très vigoureux, quoique petit, je lui envoyai un coup de poing en pleine figure. Je lui brisai ses lunettes.

Comme il le fallait, après cette équipée, je changeai encore d'institution et j'achevai tant bien que mal mes études sans que mes notes de discipline se modifiassent sensiblement.

Je voulais entrer à Saint-Cyr; j'avais l'esprit hanté par les souvenirs glorieux des guerres du premier Empire; je rêvais d'être l'aide de camp d'un nouveau Murat, galopant, superbe dans la gloire et la fumée.

Ma mère, qui était très religieuse, voulait faire de moi un prêtre, un peu sans doute pour expier le sacrilège qui l'avait tant attristée. Comme toujours, en pareil cas, une transaction intervint et l'on fit de moi un pharmacien.

La vie d'externe en pharmacie à l'hôpital de Rennes n'avait rien pour me déplaire; malheureusement, j'étais d'une telle générosité dans la distribution des gouttes de laudanum, qu'on s'aperçut que je ruinerais l'Assistance publique et que j'augmenterais la moyenne de la mortalité.

J'avais pris des habitudes qui ne permettaient plus de songer pour moi à la prêtrise. En soupirant, ma mère consentit à me laisser m'engager. Je choisis le 99ᵉ de ligne, qui, en ce moment-là, faisait campagne au Mexique. J'allais donc pouvoir me battre !

Quand j'arrivai à Lyon, au dépôt de mon régiment, je me voyais déjà sur la route de Puebla, le fusil au poing, guettant les guérillas. Ma désillusion fut prompte : on me fit comprendre qu'il fallait d'abord savoir faire l'exercice.

La première fois qu'on me mit un fusil dans les mains, le sergent instructeur me demanda si j'avais l'habitude de porter un cierge et me gratifia de toutes les épithètes connues de l'argot militaire. Furieux, je laissai tomber mon arme et répondis à peu près dans le même langage, mais avec une infériorité notoire, due au manque d'habitude.

Le cas était grave : « C'est le conseil de guerre », me dirent pour me rassurer les camarades, qui m'empoignèrent et me conduisirent devant le capitaine.

Le capitaine Deleuze, — je n'aurai jamais

l'ingratitude d'oublier son nom, — était un officier d'un grand mérite en même temps qu'un esprit élevé. Il me gourmanda avec fermeté, mais avec politesse, et, dans un langage vibrant de patriotisme, m'expliqua le rôle de glorieuse abnégation du soldat et la nécessité de la discipline. En même temps, il réprimanda le sergent qui avait oublié que le respect des inférieurs est une des premières prescriptions du code militaire, et il exigea que la plainte portée contre moi fût retirée. La leçon me profita d'autant plus qu'elle avait été juste et modérée dans la forme.

A partir de ce jour, je compris le devoir et je fus un soldat si discipliné, que, pendant les cinq années que je suis resté au service, je n'ai eu que quatre jours de salle de police.

Depuis, j'ai eu bien souvent à gourmander et à punir les hommes que j'avais sous mes ordres, et toujours, quand la colère allait m'emporter, je revoyais devant moi le capitaine Deleuze...

Mais je ne m'étais pas engagé pour végéter dans une garnison. Dès que j'eus des galons, je les rendis pour entrer dans l'infanterie de marine.

On se battait en Cochinchine; je demandai qu'on m'y envoyât... On me fit partir pour la Martinique, la plus tranquille des colonies, où je restai deux ans.

Je ne veux rappeler de cette campagne qu'un souvenir.

Aujourd'hui, on s'apitoie beaucoup sur le sort de nos soldats partant pour le Tonkin ou pour Madagascar sur des transatlantiques rapides où ils ont tous un hamac et une couverture.

En 1867, on était encore bien loin de ce luxe. Nous partîmes sur l'*Allier*, grand transport qui marchait à la voile la plupart du temps pour économiser le charbon et mit trente-quatre jours pour aller de Lorient à la Martinique. Nous étions 600 passagers sur ce bâtiment, où 300 auraient été mal à l'aise. Il y avait à peu près 150 hamacs et 200 couvertures.

De là, des batailles qui se terminèrent, un soir, par la chute de deux combattants par-dessus les bastingages. On se volait les couvertures mutuellement la nuit. Quand un soldat dormait dans la couverture que lui-même, sans doute, avait chapardée la veille, un camarade s'approchait à pas de loup, y nouait un bout de filin, puis, laissant traîner sa corde, il s'en allait un peu plus loin ; alors il tirait vivement et se couchait en s'enveloppant du prix de son larcin. Le volé, réveillé en sursaut, cherchait en vain de tous côtés son voleur ; des jurons et des coups de poing s'échangeaient dans l'obscurité.

De plus, nous manquions d'eau ; on n'avait pas encore d'appareils distillatoires. Nous étions tous obligés d'aller boire à une espèce de tonneau dans lequel trempaient cinq ou six biberons ; chacun défilait et, tour à tour, s'approchait du biberon, en effaçant simplement d'un revers de main la trace humide laissée par les lèvres de son prédécesseur.

Certains seraient devenus fous au bout d'un mois de cette vie sale et monotone, si l'un d'entre nous n'avait eu la bonne idée d'emporter un jeu de loto. Nous passions nos journées et nos nuits à tirer des quines et des quaternes.

Je compris alors pour la première fois la puissance de la cagnotte, cette cagnotte des cercles dont, par mes fonctions à la préfecture de police, j'entendis si souvent parler depuis. Le possesseur du jeu de loto prenait deux sous par partie. Quand nous arrivâmes à la Martinique, nous n'avions plus rien, et lui avait empoché tout l'argent des 600 soldats passagers !

A la Martinique, je tirai mes premiers coups de fusil, et sans plaisir, je vous l'assure, car ce fut sur des Français. Un bataillon de zouaves, revenant du Mexique, avait été caserné au fort Desaix. Ces soldats se grisèrent, chassèrent les officiers, levèrent le pont-levis et tirèrent sur notre bataillon d'infanterie de marine quand il arriva pour s'emparer du fort. On se fusilla pendant deux jours, et l'on ne pénétra dans le fort que lorsque les révoltés eurent vidé les caves. Tous étant ivres-morts, on put faire tomber le pont-levis, et les désarmer pendant leur sommeil.

Ce début dans la vie militaire me fut excessivement pénible. Ce n'est pas sur des Français que j'eusse voulu tirer mes premières balles !

J'avais toujours l'idée fixe de ne pas rester l'arme au bras ; dès qu'il me fut permis de

demander une permutation, je sollicitai de
passer aux tirailleurs sénégalais. Quand j'arrivai à Cherbourg, pour de là m'embarquer
pour Dakar et Saint-Louis, ma pauvre mère,
qui était persuadée que le Sénégal était un
pays où tous les Européens devaient fatalement mourir, me supplia de rester. Je luttai le
plus possible ; mais, devant le désespoir de
ma mère, je consentis à me laisser acheter un
remplaçant. C'était encore l'époque des marchands d'hommes. Plus tard, quand je fus
chef de la Sûreté, je revis celui qui m'avait
trouvé ce remplaçant. L'ancien marchand
d'hommes était devenu commis à la Préfecture de police.

J'avais toujours la passion des choses militaires et, par conséquent, un grand regret
d'avoir quitté l'armée. On commençait à parler de la garde mobile ; je me mis à étudier
avec ardeur l'artillerie, suivant tous les cours
et même les exercices à la caserne. En vertu
de la logique qui préside d'ordinaire aux
choses de ce monde, quand la mobile fut or-
ganisée et que la guerre éclata, on me nomma
lieutenant dans l'infanterie.

J'ai encore présent à la mémoire l'enthousiasme de la foule quand la nouvelle de la déclaration de guerre fut affichée à la préfecture de Rennes. Chaque jour, nous allions, anxieux, lire l'*Officiel* à l'unique café où on le recevait, mes camarades de la mobile et moi, espérant voir paraître le décret qui ferait de nous des soldats véritables. Mais nous n'apprîmes que des défaites. Le lendemain de Wissembourg, nous ne voulûmes pas attendre qu'on appelât les moblots. Nous nous engageâmes.

On nous avait apporté la légende héroïque des turcos de Wissembourg. Je choisis les turcos.

La veille du départ, tous ceux qui s'en allaient se battre défilèrent le soir dans les rues de la ville. Ce fut une superbe manifestation dont j'étais très fier, car c'était moi qui portais le drapeau. Partout, sur notre passage, les femmes battaient des mains et nous jetaient des fleurs. Je criais : « A Berlin ! » de toutes mes forces, et, à côté de moi, mon camarade Emile Gautier, le savant vulgarisateur que chacun connaît, n'était pas moins enthousiaste.

Il se passa, ce soir-là, un incident qui troubla toutes mes idées et dont le souvenir m'empêcha, m'empêche encore de comprendre un mot à la politique. Les ouvriers des usines s'étaient joints à nous, leurs blouses fraternisaient avec nos paletots et nous chantions tous en chœur la *Marseillaise*. Pourtant, il paraît qu'à un moment donné ces ouvriers furent irrités de voir que le drapeau restait dans les mains d'un bourgeois. Tout à coup, je reçus une bourrade, puis une grêle de coups de poing, et quelques secondes après je me retrouvai meurtri, le visage en sang; au bas de la grande butte du Champ-de-Mars, n'ayant plus dans les mains que l'aigle de mon drapeau.

Il paraît que c'est cela la politique; on veut toujours prendre le drapeau, et quelquefois autre chose, à celui qui le porte... Le comble, c'est que j'appris le lendemain que ceux qui m'avaient ainsi battu faisaient partie de la Ligue de la paix!

Un autre comble, c'est que celui de mes compatriotes dont les discours enflammés suscitèrent le plus d'engagements dans la ville de Rennes, dont le patriotisme m'avait moi-même profondément ému, trouva le moyen de donner des soldats à la patrie, sans courir lui-même aucun danger.

S'il était parti avec moi il aurait pu se faire tuer, et alors je ne l'aurais point retrouvé haut fonctionnaire de la République.

Cette place, du reste, devait être l'unique but de ses discours.

Ce sont peut-être ces souvenirs qui m'ont donné de la politique une horreur si profonde, que je me suis obstinément refusé à en faire, même quand mes fonctions m'y obligèrent en quelque sorte.

Mais l'aventure du Champ-de-Mars n'avait point alors calmé mon enthousiasme. Le lendemain, sur le quai de la gare, une casquette américaine sur la tête, un revolver à la ceinture, j'étais un des plus exaltés, et je dis à ma mère, venue me dire adieu : « Tu verras que nous les battrons. »

Pourtant, l'intendant, que j'étais allé voir avant mon départ, m'avait reçu ainsi qu'un chien dans un jeu de quilles, et, comme j'avais protesté contre un voyage forcé en Algérie pour aller rejoindre le dépôt du 1er tirailleurs, peu s'en était fallu qu'il m'eng..., comme on dit au régiment.

— Qui vous a demandé de vous engager ? s'écria-t-il. Personne ? Obéissez alors, et pas de rouspétance.

Mon ardeur guerrière n'était point facile à éteindre : je partis pour Blidah, me disant qu'après tout ce n'était pas long d'endosser un uniforme et que j'aurais le temps de venir me battre avant que la France fût tout à fait victorieuse.

Le commandant du dépôt nous reçut à merveille :

— Enfin, dit-il, je vais donc avoir de vieux soldats pour instruire mes Arabes !

Mais ce n'était pas pour apprendre aux Kabyles le maniement du chassepot que nous nous étions engagés, mes camarades et moi. Nous nous récriâmes, au grand désespoir du commandant, qui nous offrit, à tous, de nous nommer sergents d'emblée ; mais l'appât du galon ne pouvait nous tenter : nous obtînmes de revenir en France. J'arrivai à Mézières, le lendemain de Sedan, pour repartir tout de suite, emporté dans la déroute...

Oh! cette débâcle, les uniformes boueux couvrant les routes, cette tempête d'hommes et de chevaux roulant vers Paris comme vers un port! Ce souvenir douloureux jamais ne s'effacera de ma mémoire. Je revois, galopant à perdre haleine sur des chevaux de dragons qu'ils avaient saisis au passage, des turcos affolés dont les yeux semblaient lancer des flammes!... Puis les pauvres charrettes cahotant dans les ornières les blessés, les cavaliers démontés traînant leur sabre avec un bruit de ferraille sur les chemins pierreux... Pour la première fois, la réalité cassait les ailes de mon rêve. J'avais de grosses larmes dans les yeux quand mon bataillon, qui était resté en bon ordre, monta dans le premier train formé et roula vers Paris...

Nous débarquâmes à la gare de Bercy, le 4 septembre, à dix heures du matin. On nous avait assigné pour caserne la maison que les gardes forestiers du Bois de Vincennes venaient d'abandonner depuis qu'ils étaient enrégimentés. A peine avions-nous déposé les sacs et les fusils, que des passants nous apprirent que Paris était en révolution. Nous

voulions voir cela. Nos officiers étaient peut-
être aussi curieux que nous; peut-être aussi
avaient-ils peur que nous ne respections pas
la consigne, s'ils voulaient nous enfermer! Ils
nous laissèrent nous envoler vers la capitale,
comme une nuée de moineaux.

Faubourg Saint-Antoine, des gens affolés
criaient: « On égorge nos frères! » Des com-
pagnies de gardes nationaux passaient, tam-
bours en tête; une fièvre semblait faire battre
plus fort le cœur de la grande ville. Nous
voulions courir vers l'endroit où l'on « égor-
geait nos frères », saisis à notre tour par cette
fièvre contagieuse des révolutions. Et bien
que, ce jour-là, Paris en ait fait une sans
qu'une seule goutte de sang ait été répandue,
je compris alors comment tout un peuple, en
un instant, est entraîné à l'assaut d'un trône.
Un fiacre s'offrit, nous y montâmes quatre;
mais nous ne pûmes aller très loin. Le cocher
avait pris les boulevards. Bientôt il fut obligé
d'aller au pas; la foule nous entourait, criant:
« Vivent les turcos! »

Ce fut une ovation folle et dont, malgré moi,
j'étais un peu gêné, en songeant qu'on nous

fêtait comme des héros et que nous n'avions
même pas eu le temps de brûler une cartouche.
Il est vrai que ce n'était pas de notre faute.
Et ce n'était pas nous qu'on acclamait : c'était
notre uniforme, c'étaient les héros de Wissembourg, les soldats noirs, en veste bleue, se
ruant à la gueule des canons, que les Parisiens
saluaient de leurs vivats! Nous dûmes quitter
la voiture comme nous arrivions à la porte
Saint-Denis, et nous fûmes portés à bras
d'hommes par la foule en délire jusqu'au café
du Helder, où je me retrouvai debout sur une
table, chantant le *Rhin* d'Alfred de Musset...

La foule avait des remous comme la mer.
Tout à coup, je fus pris dans une sorte de re-
flux, je traversai Paris, bras dessus, bras dessous, avec des moblots et des gardes nationaux qui portaient des buffleteries et des
shakos dont ils avaient arraché les aigles.

Il paraît que nous allions à Sainte-Pélagie
(une prison que j'ai été appelé à mieux connaître plus tard), pour délivrer Henri Rochefort; mais d'autres avaient fait la besogne
avant nous.

Aux heures de révolution, les nouvelles

courent par les rues avec une rapidité extraordinaire. Cette multitude de peuple sut tout à
coup que Rochefort était libre et porté en
triomphe à l'Hôtel-de-Ville. La foule s'élança en
se bousculant, jusqu'à la place qui fut toujours
le forum des émeutes. Je n'avais près de moi
qu'un turco, mon sergent-fourrier, qui criait :
« Vive la République! » avec une chaude conviction. Comme nous débouchions sur la place,
nous aperçûmes la voiture de Rochefort, dé-
telée et traînée par la foule délirante, qui s'en-
gageait sur le pont Notre-Dame. On nous fit
place, grâce à notre uniforme; nous fûmes
bientôt sur les marches de l'Hôtel-de-Ville, et
quand Rochefort, très maigre, très pâle, avec
son toupet noir et sa barbiche noire, sa figure
étrange de Méphisto, descendit, une des premières mains qu'il serra fut celle d'un petit
turco, la mienne...

Dix-neuf ans après, au moment du boulan-
gisme, après la condamnation de Rochefort
par la Haute-Cour, alors que j'étais chef de la
Sûreté, son signalement me fut transmis,
comme à tous les commissaires de France, et
soudain je revis cette scène...

J'avais été, sans le vouloir, entraîné comme les autres par un patriotisme enthousiaste, le complice inconscient de Rochefort dans une révolution qui avait réussi; et, parce qu'il en avait tenté une autre qui avait échoué, j'étais obligé, de par mes fonctions, de l'arrêter s'il remettait le pied sur la terre de France. Ainsi la volonté des hommes ne fait pas toute leur vie, ni... parfois toute leur culpabilité.

Il ne m'est resté de cette journée révolutionnaire que le souvenir d'une fête étrange et merveilleuse.

Partout on nous applaudissait; la foule joyeuse qui remplissait les rues nous criait: « Vous êtes des héros; maintenant, vous serez plus forts; ce n'est plus pour l'empereur que vous vous battrez, c'est pour la République. »

Au bouillon Duval du boulevard, où nous allâmes dîner, les petites bonnes mirent des fleurs sur notre table, et quand nous demandâmes l'addition, on nous répondit que c'était payé. Le soir, une grande farandole courait sur la chaussée avec des lanternes vénitiennes; de jolies filles, ou du moins qui me semblaient telles alors, nous entraînèrent dans cette sorte de bacchanale...

La nuit, en rentrant, pourtant, j'eus une impression pénible. Devant la caserne des forestiers j'aperçus notre clairon, Ali, un noir superbe, qui, assis sur le trottoir, sanglotait douloureusement. Toute la journée, Ali s'était abandonné avec une joie d'enfant à cette fantasia, à laquelle il ne comprenait rien, puis nous l'avions perdu dans la foule.

Il paraît que, le soir, dans un cabaret, d'anciens zouaves qui savaient quelques mots d'arabe étaient parvenus à lui faire comprendre que l'empereur avait rendu son épée à Sedan. Furieux, le turco, pour qui l'empereur représentait, seul, la France, les avait roués de coups de poing; puis, fou de désespoir, il était revenu en courant vers la caserne, retournant d'instinct vers le drapeau comme le chien fidèle à la maison du maître. Maintenant, Ali se meurtrissait le poing sur la pierre du trottoir et il répétait avec un entêtement d'ivrogne : « *L'empireur pas rendi son moukala* (son fusil) ». Le désespoir du pauvre noir fit envoler toute ma joie, me forçant à quelques réflexions philosophiques, ce dont je n'avais point l'habitude, étant tout le contraire d'un méditatif. En me couchant sur ma paillasse, je me demandais ce qui serait arrivé si l'empereur avait chargé dans la dernière tentative désespérée et avait eu le bonheur de se faire tuer.

Je me demandais aussi ce qu'il arriverait si ceux qui prenaient le pouvoir à sa place n'étaient pas plus heureux et ne pouvaient mieux mourir. J'eus comme une vague désespérance de l'avenir et en même temps la compréhension très nette des responsabilités, des devoirs, du commandement. Qu'il soit empereur, sergent ou commissaire de police, celui qui est le chef, au jour du danger, doit donner l'exemple du dévouement et du mépris de la vie. Ce souci de la responsabilité, ce devoir du commandement, je l'ai retrouvé, avec une abnégation sans pareille, parmi les hommes de police que plus tard j'ai eus sous mes ordres ou sous les ordres desquels j'ai été placé.

Le lendemain, nous nous échappâmes dès l'aube, et ce furent, dans Paris, trois ou quatre journées de bombance, au milieu desquelles Ali lui-même oublia son désespoir et moi ma philosophie. Quand nous revînmes à Bercy, la caserne était fermée et on nous dit que nos fusils avaient été transportés aux écuries de Saint-Cloud. Nous y courûmes et nous rentrâmes dans la régularité de la vie militaire.

Le 17 septembre, quelques heures à peine avant que l'investissement de Paris fût complet, mon bataillon s'embarquait à la gare Montparnasse pour aller contribuer à former l'armée de la Loire. Après des arrêts interminables, nous arrivâmes au Mans. Puis ce fut une odyssée navrante à la recherche de cette armée de la Loire qui n'était qu'ébauchée. Du Mans, nous allâmes à Tours, puis à Bourges ; enfin nous revînmes vers Orléans, où nous trouvâmes sur la place du Martroy des mobiles qui, au pied de la statue de Jeanne d'Arc, faisaient l'exercice avec des bâtons. Quelques jours plus tard, le 15e corps d'armée était définitivement formé et nous partions à l'ennemi.

Cette passion de la guerre qui avait enflammé toute ma jeunesse allait enfin être satisfaite.

Elle le fut bien, je l'assure. Si ma mémoire est fidèle, les tirailleurs algériens, tant à l'armée de la Loire qu'à celle de l'Est, virent une vingtaine de fois l'ennemi. On ne ménageait pas les turcos et ils ne demandaient pas à l'être. C'était le bon temps d'ailleurs, comme disait mon vieil oncle Bain, qui avait été chirurgien-major dans les armées de Napoléon le Grand, et qui avait voulu servir à Lunéville dans les ambulances de la nouvelle République. On avait froid, on avait faim, on souffrait toutes les misères, marchant parfois les pieds nus dans la neige ; mais on se réchauffait en brûlant de la poudre, on avait une foi, une espérance, ce qu'on n'a pas toujours dans les banalités et les tristesses de la lutte pour la vie.

Un souvenir gai, pourtant, m'est resté de cette époque terrible. Je revois encore la salle des assises du Palais de Justice, à Bourges, l'ancien palais de Jacques Cœur, où nous passâmes la nuit de Noël.

Il faisait si froid que, pour nous donner un peu de mouvement, nous nous amusâmes à jouer une sorte de comédie judiciaire à la

lueur de quelques chandelles. Dans le fauteuil du président on avait installé un superbe
moricaud. Moi je remplissais le rôle de l'avocat bêcheur. Etait-ce déjà une vocation ?

Mais ce gai réveillon n'eut pas de lendemain.

Après Montbéliard et Héricourt, j'arrivai
tout près de la frontière suisse dans un costume inénarrable. J'étais enveloppé dans une
couverture verte usée et je n'avais plus guère
du costume de turco que la chechia rouge qui,
certes, préserve mal du froid. Il y avait longtemps que mes godillots étaient restés dans la
neige, et mes pieds meurtris étaient entourés
de chiffons attachés avec des peaux d'an-
guilles.

Mais dans l'abattement de la défaite défini-
tive, irrémédiable, je n'avais plus qu'une idée
fixe : ne pas être fait prisonnier. Je ne sais
comment je gagnai Baume-les-Dames avec
les débris des troupes des généraux Bres-
solles et Cremer, car je me soutenais à peine,
et je tombai en arrivant. On me transporta
à l'hôpital de Besançon.

Je dormais d'un lourd sommeil, quand je

fus réveillé par un bruit de voix et un effort qu'on faisait pour me tirer de mon lit.

— Allons, disait le chirurgien, cet homme a les pieds gelés, il faut les lui couper.

— Pardon, m'écriai-je, je veux bien mourir, cela m'est tout à fait égal, mais je veux mourir avec mes pieds.

Le chirurgien haussa les épaules et passa au lit suivant en disant :

— Qu'il claque comme il voudra. Expédiez-le à Antibes, sur son dépôt.

Et me voilà roulant vers Antibes par un froid sibérien. Il n'y avait jamais eu à Antibes le moindre dépôt de turcos, bien entendu. On me ramena à Marseille et de là je partis pour Blidah.

— Encore un de ces sales capitulards, dit en me voyant le chirurgien-major qui pendant toute la guerre n'avait pas quitté le rivage africain. Cet homme n'est pas malade : qu'il reprenne son service !

Je pouvais à peine me tenir debout, et mes jambes en marmelade me faisaient horriblement souffrir ; néanmoins j'eus encore assez de force, de volonté pour me traîner jusqu'à la caserne ; mais là, je roulai à terre comme une masse et je ne repris possession de moi-même que trente et un jours après. Je me retrouvai, non sans étonnement, sur un lit de l'hôpital où, bien malgré lui, le chirurgien, qui « n'aimait pas les capitulards », avait été obligé de m'envoyer, car j'avais eu une fièvre typhoïde dont la gravité était trop évidente. Ma convalescence fut longue et triste, dans cette vilaine salle d'hôpital, où j'avais le n° 13; me sentant sans force contre la mort, j'eus l'angoisse terrible qu'on éprouve quand le cerveau est affaibli par de longues souffrances, de voir mourir à côté de moi le n° 12, puis le n° 14, puis le n° 15, que des infirmiers cyniques emportaient sur des civières avec de lugubres plaisanteries sur le poids des macchabées... J'avoue qu'alors bien souvent j'ai regretté les bonnes sœurs de l'hôpital de Rennes, dont j'avais vu le sourire consolant au chevet des mourants.

Enfin, je partis pour Marseille à peu près guéri. Nous entrâmes dans le port au milieu de la canonnade et de la fusillade : nous tombions en pleine Commune, et on nous fit faire un long détour pour gagner la gare,

La Commune alors ne nous apparaissait pas ce qu'elle est restée pour les historiens, une violente commotion sociale. Je me suis demandé maintes fois, je le confesse, ce qui serait advenu de moi, si j'étais resté à Paris. Mon exaltation patriotique était si grande, qu'il est probable que ma raison n'aurait pas été la plus forte, et que j'aurais pris les armes comme tant d'autres, voulant comme eux la guerre à outrance, et n'ayant que de la haine pour ceux qui avaient traité avec l'étranger. C'était fou, sans doute, mais cette folie, combien l'ont eue, et l'ont payée trop cher ! C'est pour cela que je n'ai jamais voulu partager l'animosité tenace de quelques collègues à la Préfecture de police, aujourd'hui clairsemés, contre quiconque pouvait être appelé communard.

Lorsque je devins fonctionnaire, je m'aperçus que c'était une habitude dans tous les rapports d'indiquer le rôle qu'avait joué pendant la Commune l'individu sur lequel on prenait des renseignements. J'ordonnai aux agents sous mes ordres d'abandonner de semblables errements qui ne pouvaient servir qu'à influencer les juges aux dépens de la justice. Je dois avouer que j'eus longtemps à lutter contre les habitudes prises par les agents, contre cette routine administrative qui est la pierre d'achoppement de toutes les réformes et de tous les progrès, et j'ai tant bataillé contre elle que j'aurai, au cours de ces mémoires, trop souvent l'occasion d'en parler.

Me voici donc de retour, à Rennes, dans ma famille, un peu éclopé, comme le pigeon de la fable, quoique mes pieds, que le chirurgien de Besançon voulait absolument couper, se fussent enfin guéris ; c'est peut-être la seule fois de ma vie que j'éprouvai le besoin du repos. Mes parents me mirent dans les affaires ; je devins entrepositaire en vins, puis je me mariai. J'étais obligé, presque chaque semaine, de courir d'une ville à l'autre, et pourtant le goût de ma jeunesse pour les aventures me tourmentait encore. J'avais la nostalgie des voyages. On m'avait nommé sous-lieutenant de réserve, puis capitaine adjudant-major de la territoriale.

Je jouais un peu au soldat, mais c'était insuffisant.

Je m'étais lié très intimement avec M. John Lelong, ancien consul de la République argentine ; il me fit un si chaud tableau de l'avenir de ce pays, et des chances de réussite pour les audacieux qui iraient y coloniser, que je me décidai à liquider mes affaires et à partir avec ma femme et mes deux enfants.

J'arrivai dans ce beau pays, avec un petit pécule, espérant faire fortune, et je remontai par le Rio de la Plata jusqu'aux limites du Paraguay. Là je retrouvai les traces terribles de la guerre, et de la défense de Lopez, succombant après une lutte héroïque, aussi belle que les plus grands récits de l'histoire romaine, sous les coups du Brésil, de la République argentine et de l'Uruguay, dont le comte d'Eu, généralissime, commandait les forces combinées.

Je ne veux pas m'appesantir sur cette partie de ma vie, qui n'est en quelque sorte que la préface du récit attendu par le public. Nous allâmes fonder une ville dans le territoire ar-

gentin, sur la rive de Rio Paraguay, entre le
Vermejo et le Pilcomayo : Formosa, ainsi l'appelaient les nombreux Italiens qui formaient
le groupe principal des colons...

Une ville ! nous en fîmes le tracé et nous
construisîmes quelques maisons ou plutôt
quelques *ranchos* avec des palmiers et de la
terre. Mais nous avions à lutter à la fois
contre la nature et contre les hommes.

Pendant les deux années que j'ai passées
là-bas, nous n'avons cessé d'être en éveil,
menacés chaque nuit par les Indiens qui venaient enlever nos chevaux et nos bestiaux.
C'est dans cet embryon de ville, au milieu
des sauvages, que j'ai appris la défense de la
société et la chasse aux voleurs. Nous avions
une sorte de beffroi primitif que, dans le
pays, on appelait un « mirador » : quatre pi-
quets sur lesquels était construite une plate-
forme vacillante. Toute la nuit, une sentinelle
veillait, et quand elle ne cédait point au sommeil et qu'elle apercevait un parti d'Indiens
razziant des bestiaux dans la prairie, elle
tirait un coup de fusil.

Aussitôt chacun sautait sur son cheval,

toujours sellé, et nous partions à la poursuite
des voleurs. Toute la nuit, on échangeait des
coups de fusil ; au jour, nous revenions rap-
portant parfois le cadavre d'un Indien tué,
dont nous voulions connaître la tribu, quelquefois aussi un camarade, le crâne fendu ou
la poitrine trouée d'une balle.

Dans ces aventures, on comprend bien vite
comment les sociétés se forment, comment la
solidarité de tous est une nécessité, et comment, en défendant leur peau, les anarchistes
eux-mêmes en viennent à regretter les gendarmes.

C'est là-bas, dans le désert, que je fis bien
malgré moi mes débuts comme chef de police,
et comme auxiliaire de la justice. Au Paraguay, dont nous étions très proches et dont
les indigènes ont gardé toutes les coutumes
idolâtres, on est incontestablement catholique,
et catholique fervent ; mais les jésuites, qui
jadis dominèrent dans ce pays, avaient su, en
convertissant les Indiens, assouplir, en quelque sorte, la religion nouvelle aux habitudes
anciennes. C'est ainsi qu'au Paraguay, il est
encore d'usage de donner un bal, dès qu'un

enfant meurt. Cela s'appelle un *velorio*. On place le petit cadavre au milieu des fleurs, on l'entoure de bougies allumées, et toute la nuit on danse autour. Je venais d'être choisi pour faire partie de la municipalité de la ville nouvelle, le soir même où un *velorio* fut donné à l'occasion de la mort du petit enfant d'un Italien.

Le bal se donnait à deux pas de mon *rancho*, et je m'endormais doucement, bercé par la musique des guitaristes, quand tout à coup celle-ci s'interrompit, et l'on vint me chercher, comme représentant l'autorité. Un Paraguyen, nommé Anastasio, s'était pris de querelle avec un sergent de gendarmes, et, tirant son couteau, lui avait ouvert le ventre. Quand j'arrivai, le sergent expirait. Aussitôt, je sautai sur Anastasio, et le fis ligotter comme un saucisson ; puis nous attendîmes l'arrivée du docteur Fontana, le gouverneur, qu'on était allé chercher en même temps que moi. Il sourit, en voyant l'assassin attaché si bien qu'il lui était impossible de faire un mouvement.

« *Deja le amigo*, dit-il, avec désinvolture

(laissez-le, ami). » Et, tranquillement, il nous expliqua qu'il allait entreprendre une expédition dans le désert, et qu'Anastasio serait un excellent soldat dans son escorte... Ce fut toute la punition de l'assassin. Je n'essayai même pas de faire comprendre au docteur Fontana à quel point j'étais étonné de cette façon de rendre la justice. Quand je me retournai, je m'aperçus que les femmes avaient fait la toilette du sergent mort, et l'avaient placé près de l'enfant. Le bal continuait en son honneur...

A Formosa, je retrouvai toutes les émotions qui me faisaient battre le cœur quand, enfant, je lisais les récits de Gustave Aimard ou du capitaine Mayne-Reid.

Mais j'eus bien vite épuisé, ou à peu près, le petit sac rempli de louis d'or que j'avais emporté. Une épidémie tua mes bestiaux, une inondation noya mes plantations... la révolution de la République argentine compléta ma ruine.

Enfin, un plus grand malheur me frappa; mon fils, un grand garçon de sept ans, fut pris par la fièvre, et expira dans mes bras. La

petite bonne bretonne que nous avions emmenée avec nous avait été atteinte du terrible
mal en même temps que mon fils. Celle-là,
je la sauvai ; je ne pus sauver mon enfant !

Ce pays me fit horreur, je n'eus plus que
le désir de partir très vite.

A ce moment-là, une fatalité semblait peser
sur moi. Encore tout rempli des douleurs de
la guerre, je ne trouvai passage, pour revenir
en Europe, que sur un navire allemand,
lequel s'appelait le *Strasbourg*, comme pour
rappeler à mon patriotisme, alors fort exalté,
les conséquences de la défaite et les provinces
enlevées. C'était une sorte d'humiliation qui,
venant s'ajouter à mes chagrins, m'affecta
profondément.

Cependant ma loyauté m'oblige à dire que
le capitaine du *Strasbourg* se conduisit vis-à-
vis de moi avec une délicatesse et une courtoisie auxquelles je dois rendre hommage.

Nous arrivâmes à Santos, où le navire faisait escale, le 1er septembre. Toute la colonie
allemande vint à bord demander qu'on pavoi-
sât en l'honneur du Sedantag.

— Non, répondit le capitaine, ce serait

manquer de courtoisie : j'ai une famille française à bord.

Quand le médecin du navire, qui parlait
espagnol, me raconta ce qui s'était passé,
j'allai trouver l'officier allemand et le remerciai avec une émotion dont je ne fus pas
maître.

PREMIÈRE PARTIE

DE L'INVASION A L'ANARCHIE

CHAPITRE PREMIER

L'APPRENTISSAGE DE LA POLICE

Je descendis à Anvers, et j'avoue qu'après
avoir fait partir pour Rennes, chez mes parents, ma femme et mes enfants, n'ayant plus
en poche pour toute fortune que quelques
centaines de francs, j'arpentais mélancoliquement les quais, nouveau Jérôme Paturot à
la recherche d'une position sociale. C'est à
peine si je m'apercevais de la curiosité qu'é-

veillaient chez les enfants sortant de l'école
mon sombrero et mes bottes molles de gaucho.

Je n'avais plus, du reste, une garde-robe
bien montée, et c'est à peu près dans cet
accoutrement que j'arrivai à Paris le 31 décembre 1880. J'allai immédiatement frapper à
la porte de M. Martin-Feuillée, député de
Rennes, qui connaissait ma famille et fut,
avec M. Lebastard, sénateur et maire de
Rennes, le seul appui que je trouvai.

Je n'étais point guéri tout à fait de ma passion pour les voyages, et quand M. Martin-
Feuillée demanda quelle place je voulais sol-
liciter, je parlai de celle de commissaire à
bord des paquebots transatlantiques. Mon
protecteur écrivit pour moi une lettre de recommandation très chaude, et, en attendant la
réponse, j'allai habiter chez un officier de
mes amis, en garnison à Paris.

J'étais très actif, et très décidé à lutter avec
énergie pour gagner la vie des miens. J'avais
bien confiance dans la protection puissante de
M. Martin-Feuillée, mais je savais aussi qu'il
fallait encore plus compter sur mon courage.

Un soir, en attendant mon ami au café, je

lus par hasard, dans un journal, une annonce ainsi conçue : « L. B., rue Saint-Denis, procure place à tous ceux qui s'adressent à lui. »

Le lendemain matin, à huit heures, j'étais rue Saint-Denis et je me trouvai en présence d'un jeune homme élégamment mis et d'apparence distinguée, qui regarda en souriant mon costume de sauvage, et parut s'intéresser au récit de mes aventures.

— Un homme comme vous, me dit-il, trouve cent places pour une ; je vais vous faire gagner au moins cinq cents francs par mois ; mais il faut tout d'abord verser vingt francs de cautionnement.

Je jetai sur le bureau un de mes derniers louis avec une joie extrême, trouvant que cet homme était fort honnête, et que vraiment il demandait bien peu aux gens qu'il comblait de ses bienfaits. Il me semblait que j'étais déjà sur le chemin de la fortune, régisseur d'une grande propriété, dans la Sologne, avec des chevaux à ma disposition et une chasse splendide !

Néanmoins, je suivais avec persévérance la piste que m'avait donnée mon député. Un beau jour, il me communiqua une lettre qu'il avait reçue : on avait pris bonne note de sa demande, et l'on me considérait déjà comme faisant partie de l'administration des Transatlantiques; mais il n'y avait pas de places vacantes, et il fallait attendre plusieurs mois!

Cela ne faisait point mon affaire.

— Commissaire? dit tout à coup M. Martin-Feuillée, mais j'y pense, il y a aussi des commissaires de police! Si je vous recommandais à mon ami M. Andrieux, préfet de police? Il pourrait peut-être vous donner tout au moins une place d'officier de paix.

Je ne vis tout d'abord que l'uniforme galonné d'argent qui satisfaisait mes goûts militaires. J'acceptai avec joie et j'allai trouver M. Andrieux, qui me reçut avec une extrême affabilité. En même temps, j'étais recommandé par un de mes amis à M. Caubet, alors chef de la police municipale.

— Comment donc, me dit M. Caubet, riant dans sa barbe, mais je vais vous faire entrer tout de suite dans l'administration. J'ai une place d'inspecteur qui vous ira fort bien.

Dans mon ignorance de tout ce qui concernait la police, j'étais tout fier d'être ainsi nommé inspecteur d'emblée, c'est-à-dire à un grade qui me semblait supérieur aux autres.

M. Boissenot, alors chef du personnel et aujourd'hui contrôleur général, me reçut aussi bien que M. Caubet, mais partit d'un éclat de rire quand je lui racontai la proposition que ce dernier m'avait faite.

— Inspecteur, me dit-il, vous! un capitaine adjudant-major de l'armée territoriale! C'est impossible : un inspecteur, c'est un simple agent, quelque chose comme un gardien de la paix! Non, ce qu'il faut, c'est que vous passiez l'examen de secrétaire.

Je me laissai faire, et passai l'examen, mais sans enthousiasme cette fois, me disant que décidément je ne réussirais pas dans la police, et que je n'étais point fait pour un métier où les titres répondaient si peu aux fonctions. Aussi, M. B..., le directeur de l'agence de la rue Saint-Denis, qui me semblait mon seul espoir, recevait-il chaque jour ma visite. C'était de lui seulement que j'attendais une position acceptable, pouvant assurer l'existence des miens.

Les premiers jours, je fus assez bien accueilli. Le jeune homme élégant avait toujours un aimable sourire et une promesse consolante... pour le lendemain. Mais le lendemain, je revenais, demandant à quelle heure j'avais rendez-vous avec le noble duc, dont je devais être le régisseur. J'impatientai, à la fin, l'honorable placeur, qui me dit :

— Allez au diable, je n'ai pas de situation pour vous.

Je n'étais pas très patient ; je me contins pourtant :

— Fort bien, j'irai où je voudrai, répondis-je ; mais rendez-moi d'abord mes 20 francs.

Jamais je n'oublierai le regard de pitié que laissa tomber sur moi l'élégant jeune homme, et la sonorité de son rire, quand il m'eut brusquement poussé dehors et que la porte se fut refermée. Je faillis m'élancer et rentrer me faire justice moi-même. Je ne pouvais avoir oublié tout à fait les habitudes de l'Amérique du Sud ; néanmoins, ma raison fut la plus forte, et je m'en allai, décidé à avoir recours à cette justice dont je serais bientôt, peut-être, l'un des auxiliaires.

Pourtant, avant d'aller déposer ma plainte, je fis porter au placeur, par l'ordonnance de mon ami l'officier, une lettre ainsi conçue :

« Monsieur, si vous ne remettez pas immédiatement au porteur de cette lettre les 20 francs que vous m'avez escroqués, ce soir une plainte sera déposée au parquet. »

Le soldat me rapporta mon argent à ma grande joie, car je commençais à apercevoir le fond de ma bourse, et j'avais l'amour-propre de ne point demander d'argent à ma famille qui avait fait déjà, pour moi, d'assez gros sacrifices.

Le lendemain, je recevais de la préfecture de police une lettre de service me disant de me présenter rue de Viarmes, à la Halle aux blés, au commissariat de M. Dodieau, où j'étais admis comme secrétaire suppléant. Enfin, j'allais donc avoir une position sociale, si modeste fût-elle!

M. Dodieau, qui fut pendant tant d'années commissaire des Halles, et qui était le meilleur homme du monde, me reçut avec une grande bonté, mais ne put dissimuler, lui aussi, un sourire en voyant mon accoutrement bizarre de brigand calabrais, que mes ressources ne m'avaient pas encore permis de modifier. Il désira connaître mon histoire, et quand j'eus terminé le récit de mes aventures, il me dit doucement :

— Voyez-vous, mon ami, la police n'est pas votre affaire. Vous avez des habitudes d'indépendance incompatibles avec la carrière que vous voulez embrasser. Je vous donne deux jours de congé; réfléchissez et, croyez-moi, ne revenez pas.

Je partis l'oreille basse et réfléchis beaucoup, pendant deux jours et deux nuits, car vous pensez bien que je ne dormis guère. Le matin du troisième jour, néanmoins, ma résolution fut prise. Je ne devais pas laisser échapper l'occasion qui m'était offerte de gagner honorablement ma vie. Je me sentais assez de courage et de force de volonté pour modifier jusqu'à mon caractère s'il était nécessaire.

— Comment, c'est vous? s'écria avec étonnement M. Dodieau, quand j'entrai dans son bureau. Je croyais bien ne vous revoir jamais. Enfin, mon ami, puisque vous voilà, vous allez vous mettre aussitôt à la besogne.

Vous allez avoir un début intéressant. Sous la dictée du secrétaire titulaire, il s'agit d'écrire le premier interrogatoire d'un escroc habile qu'on vient d'arrêter...

Je m'inclinai, j'entrai dans le bureau des secrétaires, où je m'assis avec une solennité involontaire, tout pénétré de la gravité du rôle que j'allais jouer dans les affaires de l'Etat. Presque au même instant, la porte s'ouvrit et qui vis-je paraître entre deux agents?

M. B..., le directeur de l'agence de la rue Saint-Denis, l'élégant jeune homme qui, quelques jours auparavant, m'avait envoyé au diable!

Lui aussi me reconnut, et, croisant les bras, s'écria, en me regardant avec admiration :

— Ah! maintenant, je comprends tout! Vraiment, vous êtes très fort; c'est pour cela que vous étiez venu chez moi? Mes compliments!

Je restai tout interloqué et je répondis qu'il se méprenait, qu'il y avait à peine une heure que j'étais entré à la police.

M. B... haussa les épaules :

— On la connaît, celle-là, dit-il; cette fois je ne tomberai pas dans le panneau!

Quand M. Dodieau rentra, je lui racontai l'histoire; il en rit beaucoup et me dit : « Mon pauvre garçon, vous n'avez pas de chance pour vos débuts; je vous l'avais bien dit que vous n'étiez pas fait pour la police. »

M. B... eut alors l'honneur d'être interrogé par le magistrat lui-même et il n'y gagna rien, car il fut condamné à un an de prison, mais resta persuadé que c'était moi qui l'avais fait prendre.

L'année suivante, comme je passais rue Montmartre, il se mit à tomber une pluie torrentielle et je me réfugiai sous une porte cochère. J'aperçus, à côté de moi, un individu maigre, hâve, qui me regardait. Je reconnus tout de suite B..., mon ancien placeur de la rue Saint-Denis. Je m'approchai de lui et lui dis :

— Eh bien! mon pauvre garçon, vous voilà sorti? Qu'allez-vous faire, maintenant?

— Ah! monsieur, me répondit-il avec amertume, dire que c'est vous qui m'avez perdu! Vous qui m'avez tendu un piège, et m'avez fait condamner!

— Mon pauvre ami, lui répondis-je, votre opinion m'est tout à fait indifférente. Mais je vous donne ma parole que je ne suis pour rien dans votre arrestation.

L'homme me regarda avec stupéfaction.

Il y avait tant de franchise dans mon attitude et dans mes paroles qu'il baissa la tête et s'en alla en murmurant :

— Est-il possible qu'il y ait de ces hasards?

Eh oui! la vie n'est faite que de coïncidences et de hasards! Le hasard ou la providence, comme on voudra, est le véritable dieu de la police. C'est sur lui qu'il faut toujours compter, et c'est lui seul, souvent, qui déjoue les plans criminels les plus machiavéliques.

Je trouvais qu'il faisait bien froid dans cette Halle aux blés, si triste, sur laquelle donnaient les fenêtres de mon bureau, et le commissariat de M. Dodieau m'apparaissait comme une sorte de prison. Mais je m'étais mis au travail avec une ardeur extrême, et je noircissais chaque jour des rames de papier blanc que je remplissais des interrogatoires des voleurs de

carottes, si nombreux aux Halles, et dont on
me laissait la spécialité. M. Dodieau avait une
administration si paternelle, et les affaires que
je voyais arriver au commissariat étaient si
simples, que toutes mes idées sur la police
furent bouleversées.

Je venais de lire le premier volume des
mémoires de M. Claude, qui débute par de
romanesques aventures, et je me disais que
la réalité est beaucoup moins compliquée, et
que les hommes, après tout, valent mieux
qu'on ne le dit dans les livres. Cet optimisme,
du reste, ne s'est pas beaucoup modifié depuis, et si j'ai appris que la réalité dépasse
parfois ce que les romanciers ont imaginé
de plus horrible, je sais aussi que la grande
masse des hommes ne fait pas le dixième
du mal qu'elle pourrait faire.

Enfin, un soir, M. Dodieau me prit à part,
et me donna rendez-vous pour neuf heures
et demie ; nous allions faire une expédition
mystérieuse et grave. Il me confia que nous
devions surprendre au nid toute une troupe
de conspirateurs dont le lieu de réunion était
un café de la rue Montorgueil, tenu alors par

une personnalité dont la célébrité chorégra-
phique est devenue universelle, Valentin le
Désossé, la gloire du Moulin-Rouge.

J'étais, dans ce temps-là, un grand liseur,
et j'avais l'imagination remplie des romans
russes, alors en vogue; je me représentais
quelque sombre réunion de nihilistes surprise par la police; le brouhaha, les cris, la
lutte désespérée, les coups de revolver.

J'eus une désillusion. M. Dodieau ne se fit
accompagner que de forces peu importantes;
deux gardiens de la paix furent chargés de
garder la porte du café, et mon patron entra
très simplement dans la salle du premier
étage, où se tenaient les conspirateurs, sanglé
de son écharpe et suivi de quelques agents
en bourgeois. Il se fit un silence complet à
notre arrivée, et ce silence fut la seule protes-
tation contre notre visite. M. Dodieau s'assit
tranquillement devant une table et moi en
face; tour à tour, les assistants défilèrent très
respectueusement devant nous, donnant leur
état civil et vidant leurs poches; de temps en
temps, un revolver tombait d'une blouse ou
d'un paletot, et on le confisquait. Ce furent les

seuls incidents dramatiques de cette descente de police, dans le cabaret de Valentin le Désossé, qui nous regardait faire avec tranquillité et donna les meilleurs renseignements sur ses clients.

Nous saisîmes quelques ballots de papiers rouges en tête desquels il y avait : *Manifeste du Comité révolutionnaire*, plus un projet d'affiche qu'on était en train de rédiger au moment où nous étions apparus.

Nous n'arrêtâmes personne. Mais, avant d'aller me coucher, je dus recopier la liste complète des conspirateurs dressée par M. Dodieau. On ne parlait pas encore d'anarchistes. Le mot *révolutionnaire* suffisait à désigner les violents. Je crois bien cependant que cette liste fut l'embryon du fameux livre des anarchistes, conservé depuis si précieusement à la Préfecture de police.

J'éprouvai un vague sentiment d'ennui, de cette première incursion forcée dans la politique. Autant c'est le devoir de la police d'intervenir, quand un crime ou un attentat est commis, me semble-t-il, autant il me paraît absurde de déranger des gens qui se contentent de distribuer des bouts de papier.

Rien n'est plus dangereux que les coups d'épée dans l'eau.

J'ai eu bien souvent l'occasion de m'apercevoir, depuis, que ces opérations de police, faites avec solennité, ainsi que les arrestations opérées en masse, n'ont d'autre résultat que de monter l'imagination des exaltés et de leur donner la folie du martyre. Il est vrai, je l'ai déjà dit, que je n'entends rien à la politique.

Je repris, le lendemain, ma besogne quotidienne et j'oubliai bien vite le Comité révolutionnaire dans la hâte du travail de chaque jour. Car nous ne chômions pas au commissariat des Halles, et j'aidais le mieux que je pouvais, dans la rédaction des rapports et l'expédition des pièces de procédure, en nombre infini dans ce quartier, le secrétaire titulaire, mon camarade Viguier, dont le nom ne peut revenir sous ma plume sans me rappeler un douloureux souvenir. Ce jeune homme, loyal, brave, intelligent, qui avait devant lui le plus brillant avenir, fut la première victime enterrée sous le monument des victimes du devoir.

Comme tant d'autres de cette police parisienne où l'héroïsme est de tradition, où tout le monde est soldat, depuis le commissaire jusqu'au dernier gardien de la paix, il fut victime de son courage et fut tué en 1884, lors de l'explosion de l'Ecrevisse, rue Saint-Denis. Le pauvre garçon venait, depuis quelques jours à peine, d'être nommé officier de paix du deuxième arrondissement. Une première explosion s'était produite; on croyait à une explosion de gaz. Viguier descendit à la cave, en tête de ses hommes; une détonation terrible se fit entendre; il tomba frappé mortellement. A côté de lui, gisait, sans vie, un sergent-major des sapeurs-pompiers; ces autres vaillants dont le mot d'ordre est le mépris de la mort. M. Brissaud, commissaire de police, et M. Grillères, officier de paix du Xᵉ arrondissement, furent, eux aussi, grièvement blessés.

Dans leur garde vigilante de la vie et des biens des citoyens, officiers et soldats de la police vont tous les jours au danger. Et jamais la population parisienne n'aura assez de reconnaissance pour ceux qui se dévouent pour elle. Tout n'est peut-être pas encore parfait dans la police, et nul mieux que moi ne déplore les vieilles routines qui empêchent les progrès nécessaires, routines dont j'aurai à parler longuement; des réformes d'administration et d'habitudes sont indispensables. Il faut moderniser les vieux rouages, s'il est possible de se servir de cette expression; mais le personnel de la police, à de rares exceptions près, est admirable de dévouement et de discipline. Il y a des brebis galeuses dans toutes les troupes. Là, elles sont peut-être plus rares que partout ailleurs. Ces gardiens de la paix, qui distribuent, avec trop de prodigalité peut-être, les coups de poing lors d'une manifestation, un quart d'heure après, se jetteront héroïquement dans les flammes pour sauver des femmes et des enfants.

Ce qui me séduisit dès mon entrée dans la police, ce fut le côté héroïque de ceux qui ont la charge de défendre la société et contre les éléments et contre les malfaiteurs.

Peu à peu, en même temps, je m'initiais à tous les côtés hideux ou tristes de la grande ville. Dans les rondes nocturnes, je visitai

pour la première fois tous ces établissements
des environs des Halles, avec lesquels j'ai fait
plus ample connaissance, quand je fus chef de
la Sûreté. Mais je fis dès lors une constatation
curieuse. Je fus frappé du petit nombre de
crimes qui se commettent dans ce milieu
d'hommes et de femmes, travaillant la nuit,
obligés, pour se réchauffer l'hiver, d'absorber
des boissons alcooliques. Toute cette population de crève-la-faim et de filles qui viennent
la nuit s'abriter aux Halles, et manger les
soupes à deux sous, n'est même pas criminelle par instinct ou par besoin.

Dans le quartier des Halles, les sages-
femmes sont plus nombreuses que dans la
plupart des autres quartiers. Il suffit, pour s'en
convaincre, de parcourir la rue Montmartre
ou la rue Saint-Honoré. J'avais la charge
d'aller recueillir les déclarations des mères
qui abandonnaient leurs enfants à l'Assistance publique. Alors, je fus témoin de scènes
navrantes et il m'arriva parfois, en dressant
ces procès-verbaux de la misère, d'être con-
traint de détourner la tête pour cacher mon
émotion. La plupart des filles-mères pourtant

n'avaient pas au dernier moment, comme on pourrait le croire, un mouvement de révolte alors qu'elles abandonnaient pour toujours le petit être sorti de leur chair. Celles qui, se voyant dans l'impossibilité de nourrir leur enfant, prenaient avant leur délivrance la résolution ferme de le laisser à la charité publique, ne voulant même pas l'apercevoir, se bouchaient les oreilles pour ne point entendre les premiers vagissements.

Celles, au contraire, qui prenaient le petit être dans leurs bras, n'avaient plus le courage de s'en séparer. Il y avait là une curieuse psychologie de l'amour maternel qui ne s'éveille, en quelque sorte, qu'au contact de ce qui est sa chair et son sang.

Mais ce qui me causa les plus douloureuses émotions, ce fut le récit de leurs malheurs, fait par toutes ces femmes, alors que je leur donnais à signer l'acte d'abandon. J'apprenais à connaître les drames de la misère, du vice, parfois aussi du crime. Peu à peu, je pénétrai dans les coulisses et les dessous de la ville féerique, où l'étranger n'aperçoit d'abord que la splendeur des lumières, mais dont le luxe et la joie bruyante cachent tant de détresses.

Je me passionnais pour mon nouveau métier. J'étais entré dans la police par hasard, alors que j'étais à la recherche d'une position sociale, et maintenant mon métier m'empoignait. Je vivais sans cesse le drame qui m'intéressait tant à lire jadis quand j'avais la passion des romans, et la chasse aux malfaiteurs, plus émouvante que celle des bêtes fauves dans l'Amérique du Sud, me tentait. Je commençai à comprendre la grandeur philosophique du rôle de l'homme de police, s'il est honnête. Ce dévouement de toute une vie à la défense de ses semblables, et cette lutte de tous les instants contre ce que toutes les morales humaines ont toujours appelé le mal, m'enthousiasmait.

Je me suis aperçu depuis que les plus belles médailles ont un revers.

Je passai au commissariat de Saint-Germainl'Auxerrois, où je travaillai quelque temps avec M. Féninger, dont le nom est resté célèbre dans l'administration par la très intéressante collection de circulaires qu'il a réu-

nies et publiées. De là, j'allai au quartier de
la Sorbonne, où le secrétaire titulaire était
M. Méténier, un homme instruit et aimable,
dont j'ai gardé le meilleur souvenir, le père
d'Oscar Méténier, le romancier naturaliste, le
puissant évocateur que chacun connaît. Le
« patron », comme nous disions alors, était
M. Cotton d'Englesqueville, qui avait été, sous
l'Empire, procureur impérial en Corse et conseiller à la cour de Caen.

C'était incontestablement un magistrat dis-
tingué et un homme d'un cœur excellent.
Mais il avait les habitudes d'esprit et les
goûts d'un soldat : il menait militairement
son commissariat, et c'était une joie pour lui
quand il devait partir en expédition pour arrêter un voleur réfugié sur un toit. Ce bon
M. Cotton d'Englesqueville avait toujours
envie de monter à l'assaut.

Enfin, je fus nommé secrétaire titulaire à
Neuilly. Le commissaire était un homme
plus jeune que moi, mais un magistrat d'avenir, M. Lejeune, dont la ville de Paris a eu
trop tôt à déplorer la perte. Fils d'un homme
qui, pendant de longues années, avait occupé

la place de chef de bureau à la préfecture de
police et qui avait laissé dans l'administration
la réputation d'une probité rigide, M. Lejeune
avait reçu de son père toutes les traditions de
l'ancienne police ; mais, avec un grand bon
sens, il avait su moderniser les vieilles doctrines, et c'était l'homme le plus droit, le plus
humain que j'aie connu. Je puis dire que c'est
lui, mieux que tout autre, qui compléta mon
éducation policière. Il me laissait volontairement une grande initiative, et j'appris là-bas
ce que je n'avais pu connaître aux Halles.

Les « mystères du Bois de Boulogne »,
comme on dit dans les romans, n'eurent bientôt plus de secrets pour moi, et ce fut avec
une grande curiosité que je visitai l'île des
Ravageurs, l'esprit rempli des récits d'Eugène
Sue, et l'île de la Grande-Jatte, le nouveau
Pré-aux-Clercs des duellistes.

Dans la constatation du premier suicide
que j'eus à faire, je fus indigné des conséquences terribles que peuvent avoir les préjugés de la foule. On avait trouvé pendu
dans une maison en construction un ouvrier
maçon. On vint me prévenir, j'accourus ;

quand j'arrivai et fis détacher le corps, il était encore chaud. Il est certain que si la corde eût été coupée plus tôt, on aurait pu sauver le malheureux ; mais non, le préjugé populaire, la vieille légende, basée sur je ne sais quelle tradition absurde, qui veut qu'on ne détache point un pendu avant l'arrivée de la police, avait été plus forte que les sentiments d'humanité de tous ces braves gens, qui regardaient bouche bée le pauvre diable se balancer dans l'espace, pendant que le vent gonflait sa blouse.

On hésite quelquefois à flétrir les routines administratives, quand on s'aperçoit du danger des préjugés populaires. En réalité, les unes sont aussi dangereuses que les autres et l'intérêt de la société est qu'on parvienne à les supprimer en même temps.

J'avais beaucoup à m'occuper du repêchage des macchabées, comme disent les mariniers de la Seine dans leur argot sinistre. Je ne sais si jadis on payait moins le sauvetage d'un vivant que le repêchage d'un mort, comme le racontent les vieux bateliers, mais ce que je sais bien, c'est que pour toucher la prime, plus forte dans le département de la Seine que dans celui de Seine-et-Oise, j'ai vu des bateliers remonter jusqu'à Neuilly, ayant un cadavre à la remorque. Et je me vois encore sur la berge, obligé souvent de monter dans une barque pour procéder aux constatations, car un préjugé veut que les repêcheurs de cadavres ne les tirent jamais complètement du fleuve et leur laissent tout au moins les pieds dans l'eau ! Pourquoi? Personne ne l'a jamais su. Mais le préjugé persiste toujours.

Ainsi va le monde.

Le champ d'expériences qui m'intéressa le plus, je dois le dire, fut le Bois de Boulogne. Cette année-là, il y eut comme une épidémie de suicides. A chaque instant, on retrouvait dans un fourré un pendu, ou un cadavre, la tempe percée d'une balle. Pendant l'été le Bois semble avoir un attrait étrange pour tous ceux qui veulent s'échapper de la vie comme d'une prison. Avant de se lancer dans le grand inconnu, ils éprouvent le besoin d'aspirer encore une fois l'air du soir à travers les arbres, ils veulent s'endormir loin du bruit de la ville, dans le silence de cette apparence de forêt.

J'assistai successivement aux dénouements les plus sinistres des romans les plus bizarres. Un matin on vint me chercher pour constater le suicide d'un jeune homme de vingt ans, un garçon épicier, dont un garde du Bois avait aperçu la blouse blanche accrochée à un taillis.

Quand j'arrivai, le malheureux respirait encore. Son souffle ne s'éteignit que quelques minutes après. Or, ce jeune homme, imberbe, presque un enfant, avait eu le courage le plus farouche que j'aie jamais rencontré. Il s'était tiré successivement dans la tête six coups du méchant revolver qu'il tenait à la main. Jamais, dans ma carrière assez longue pourtant, je n'ai trouvé chez aucun désespéré un entêtement aussi héroïque dans la mort, et pourquoi ? Parce qu'il avait fait la noce la veille, dépensé 25 francs qu'il avait touchés pour le compte de son patron, et qu'il ne pouvait rendre. Ce qui effraye, tout d'abord, celui qui, par devoir, est obligé de constater les suicides, c'est la légèreté des motifs qui peuvent, la plupart du temps, décider les désespérés à quitter la vie.

Les suicides viennent par série, et une sorte de fatalité semble s'attacher à certains endroits. Ainsi, j'ai connu un taillis du Bois de Boulogne où, successivement, cinq ou six miséreux sont venus mourir.

Un jour, j'allai dépendre un malheureux en haillons qui n'avait sur lui qu'un chiffon de papier sur lequel il y avait écrit au crayon un nom qu'il m'est impossible de reproduire ici, car c'est celui d'une très honorable famille, d'une famille presque illustre. On fit une enquête et on arriva à connaître l'histoire fantastique de ce malheureux, histoire qu'un procès anglais scandaleux m'a rappelée récemment... Cet homme, dont je revois toujours la longue barbe inculte et la redingote effilochée aux manches, avait occupé une haute situation, à Londres, et il avait été précipité, en quelque sorte, d'échelon en échelon, par la haine d'une femme, la sienne, laquelle s'était aperçue que son mari était l'amant de sa mère. Alors, cette femme, avec une imagination diabolique, un mépris extraordinaire du nom qu'elle portait, avait tendu un piège infernal à son mari, qui avait été condamné à deux ans de travaux forcés. Ruiné, déshonoré, au sortir de la maison centrale, il s'était mis à boire et était venu à Paris. Sa femme fut appelée pour constater l'identité du mort. Jamais je n'oublierai le ton dont elle dit : « C'est bien lui » ! ni la flamme de triomphe qui passa dans ses yeux.

Enfin, j'eus à conduire, sous les ordres de M. Lejeune, une première battue dans le Bois de Boulogne. Avec l'aide des agents de la Sûreté nous fîmes, une nuit, une rafle de filles, de vagabonds et de tous ceux qui furent trouvés en leur compagnie. Il y avait, parmi ces derniers, deux vieux messieurs décorés qui, en se perdant dans les profondeurs du Bois, n'avaient pas pensé qu'il fût nécessaire de retirer leur ruban rouge. Je n'avais guère d'expérience et les conservai à ma disposition dans la maison du garde, près du Jardin d'Acclimatation. Le commissaire de police, dès qu'il les eut interrogés, les remit en liberté après la petite semonce d'usage. Ils n'ont point été corrigés, car je les ai retrouvés, quand j'étais

chef de la Sûreté et du service des mœurs.
C'étaient deux malheureux que tentait toujours le vice le plus ignoble. Ils suivaient par
une sorte d'instinct plus fort que leur volonté
les petites bouquetières au chignon filasse, à
la robe crottée, qui les entraînaient dans les
fourrés du bois... Combien d'autres ai-je
trouvés par la suite, combien même qui, volés
et battus par les souteneurs, refusaient de
porter plainte ! A Paris, la complicité du vice
assure trop souvent l'impunité du crime, et
la police, qui toujours doit craindre un
scandale inutile, est contrainte de fermer les
yeux.

Ces battues dans le Bois de Boulogne, avec
le concours des gardes et des gardiens de la
paix, avaient pour moi l'attrait des grandes
chasses de l'Amérique du Sud. On cernait
une partie du Bois, celle où les gardiens signalaient depuis la veille une agglomération
de rôdeurs, et puis on avançait à travers les
taillis, se heurtant aux branches et aux fils de
fer. Du pied, on faisait lever les couples endormis sur le gazon. Quel étrange et parfois
burlesque déballage de la misère parisienne,

quand, au commissariat, hommes et femmes
défilaient devant moi ! Nous avons ramassé
des fillettes de treize ans qu'il était impossible de rendre à leurs familles, par la rai-
-son qu'elles n'en avaient point. Je me souviens aussi d'avoir arrêté une vieille femme
dont les cheveux blancs étaient noircis avec
de la suie et que tous les souteneurs dési-
gnaient sous le nom de la « Gironde » — la
belle — en argot. Elle avait soixante-sept ans
et avait été, en effet, une des cocottes en vogue, une des lionnes à la mode sur le boulevard de Gand, du temps du bon roi Louis-
Philippe.

— Eh ! oui, monsieur, me dit-elle, j'avais
le cœur trop bon. Quand j'ai commencé à me
décatir, j'ai commencé à dégringoler. Il y a
trente ans que je suis inscrite à la police, et,
après tout, j'peux pas me plaindre : je fais encore mes trois francs par jour !

C'est aussi au Bois de Boulogne que je découvris, dans une carrière abandonnée, près
de Bagatelle, deux espèces de sauvages, un
gamin de quatorze ans et une fillette de douze
qui, nouveau Daphnis et nouvelle Chloé, vi-

vaient si près, de la grande ville comme les Indiens du Paraguay.

Mon apprentissage avançait beaucoup. Je commençais à en savoir plus long sur les faiblesses de l'humanité, en quelques mois de police parisienne, que pendant les quelques années qu'avaient duré mes explorations en Afrique et en Amérique.

La foire de Neuilly est aussi dans les attributions du commissariat de Neuilly. Là, j'appris à connaître quelle population de braves gens sont, en majorité, les forains. Je ne me souviens pas d'avoir eu à enregistrer une plainte sérieuse contre aucun, et ils me rendaient bien la sympathie que m'inspiraient leur bonhomie et leur loyauté. Il ne s'est pas fait un mariage dans la famille Bidel, ou dans la famille Pezon, sans que j'y fusse invité.

Mais à côté des véritables forains, il y a tout un monde particulier exploitant le goût de la foule pour les jeux de tous genres. Il m'est arrivé, avec l'un de ces industriels, une aventure assez originale qui m'apprit quelque chose que je ne savais pas encore.

Un soir, en flânant dans la foire, je m'é-
tais arrêté devant une petite boutique où
se trouvait un jeu de billard dit améri-
cain. On lançait la bille et il fallait qu'elle
fît tomber deux quilles. Je remarquai que,
lorsque le marchand jouait, les deux quilles
tombaient toujours, la seconde étant entraînée
par la première. Quand c'était un client qui
lançait la bille, la seconde quille ne tombait
jamais. Toute une bande de jeunes étrangers,
des Espagnols, accompagnés de quelques
femmes aussi élégantes que bruyantes, s'en-
têtaient et faisaient faire au patron une recette
magnifique. Enfin vint le moment où je pus
jouer à mon tour. Le bonhomme voulait,
comme il l'avait fait pour les autres, placer
lui-même les quilles.

— Pardon, dis-je, quand je joue, j'aime bien
m'assurer par moi-même que tout est comme
je le désire : je veux placer les quilles.

Le patron de la baraque pâlit : il comprenait que j'avais « débiné son truc », comme il
me le dit le lendemain. Mais tous ceux qu'il
avait volés tout à l'heure nous regardaient, et
il n'osa rien dire. Alors, je plaçai les quilles

en ayant bien soin de mettre la seconde sur le petit bouton de cuivre qui indiquait sa place, sans la reculer de quelques millimètres, comme faisait l'homme afin que la première ne pût l'atteindre. Je gagnai tous les lots qui se trouvaient dans la boutique; le malheureux fut obligé d'aller chercher un supplément de lapins. La foule me faisait presque une ovation.

— Oh! monsieur, comme vous êtes adroit, me dit en souriant la compagne d'un Espagnol.

Je jugeai que le moment était venu de dissiper cette légende d'adresse merveilleuse qu'on allait me faire.

— Non, madame, répondis-je, je ne suis pas adroit; je me suis seulement aperçu d'une filouterie de cet homme.

Et comme le marchand protestait, m'offrant de faire porter chez moi tous les lots que j'avais gagnés, y compris les lapins:

— Gardez vos lapins, lui dis-je. Je suis le secrétaire du commissaire de police. Ne manquez pas de venir demain à mon bureau, ou je vous enverrai chercher par deux agents.

On voulut alors démolir la baraque, et je fus obligé de faire venir des gendarmes pour protéger ce teneur de jeux indélicat.

Le lendemain, en arrivant au commissariat, je le trouvai m'attendant avec tranquillité. Il n'avait point du tout l'attitude d'un coupable ému et repentant. Il me salua d'un sourire amical, et, venant familièrement s'asseoir devant mon bureau, il me dit, avant même que j'eusse commencé à l'interroger :

— Monsieur le secrétaire s'est trompé hier.

— Comment, m'écriai-je, furieux, vous niez que je vous aie pris en flagrant délit? vous niez que votre jeu soit maquillé et que vous voliez le public ?

L'homme continua à sourire et, haussant les épaules dédaigneusement, il répondit :

— Ce n'est pas de cela dont il s'agit. J'ai un « condé » (1).

Et l'homme souriait toujours.

J'étais tout à fait ignorant de l'argot.

— Eh bien ! repris-je, quand vous auriez

____

(1) Mot d'argot qui signifie une permission de police.

deux Condés et même dix Turennes, cela n'empêche pas que vous soyez un filou.

— Allons, monsieur veut rire. Il est de la police, et il ne sait pas ce que c'est qu'un « condé » ?

Alors, il tira une carte de sa poche, une carte du service des jeux, dont il était une sorte d'indicateur. En échange des renseignements qu'il fournissait, il se faisait délivrer une des meilleures places dans les foires. Il profitait de cela pour escompter une sorte d'impunité à laquelle cette carte, d'ailleurs, ne lui donnait aucun droit.

— C'est bien, répondis-je durement. Je ne vous poursuivrai pas ; mais vous allez quitter la foire aujourd'hui même.

Cette vieille tradition de police qui consiste à avoir pour agents secrets des filous comptant sur l'impunité, non seulement est immorale, mais absurde. Du reste, on y a renoncé aujourd'hui. Est-ce que les individus qui complotent pour changer la forme du gouvernement vont aller raconter leurs petites affaires devant une baraque de foire ? Est-ce qu'on peut ajouter aucune foi aux renseignements fournis par un voleur qui peut avoir intérêt à perdre un ennemi ou un concurrent?

Certes, quand j'étais chef de la Sûreté, je me suis servi des indicateurs qui venaient me dénoncer un crime, comme c'était mon devoir, mais je sais quelle est la nature exacte des services qu'ils peuvent rendre.

Il ne faut jamais faire d'un indicateur une sorte d'agent secret privilégié. Sans cela, il vient un jour où le gaillard combine lui-même le vol qu'il va ensuite dénoncer, afin d'avoir double profit. Ce n'est pas très rare, et quand j'ai mis la main sur des gredins de cet acabit, je ne les ai pas ménagés.

Du reste, cette question des indicateurs est une des plus intéressantes de la police, et j'y reviendrai quand je parlerai du service de la Sûreté.

Peu à peu, j'apprenais ainsi tout ce qu'il faut connaître de bien et de mal pour être un parfait policier.

J'obtins un rapide avancement, grâce aux notes excellentes que me donna M. Lejeune. Je fus nommé secrétaire titulaire au quartier Saint-Vincent-de-Paul, dont M. Collas était commissaire. Celui-ci fut, également, plein de bienveillance pour moi. C'était un magistrat expérimenté et bon, comme il est désirable que le soient tous ceux qui ont la charge de défendre, à Paris, l'ordre et la société.

J'étais depuis deux jours à mon nouveau poste, quand on vint me chercher, en l'absence du commissaire, pour constater un suicide dans un hôtel des environs de la gare du Nord.

J'arrivai aussitôt et la caissière me raconta qu'un vieux monsieur, d'apparence correcte, était entré demander une chambre « bon marché », et qu'on lui avait donné un petit cabinet au dernier étage, du prix de 4 francs par jour. A peine enfermé chez lui, des voisins, sans avoir même le temps d'appeler au secours, l'avaient vu monter sur la fenêtre, avaler le contenu d'un flacon et se tirer un coup de revolver dans la tête. Le malheureux était venu s'abattre dans la cour, où il gisait au milieu d'une mare de sang. Le patron de l'hôtel était rentré presque derrière moi; on l'avait mis au courant du drame, et ce fut avec de grands gestes de colère qu'il m'emmena auprès du mort.

— J'espère bien, me dit-il en regardant le cadavre aplati sur le pavé, et dont le paletot boueux, le chapeau défoncé, avaient un assez triste aspect, j'espère bien que vous allez me débarrasser au plus vite de cette charogne! Vous allez me conduire ça à la Morgue. En voilà une crapule! Venir se tuer chez moi!

Au même instant, l'inspecteur qui m'avait accompagné retourna le mort, et à sa boutonnière apparut une grosse rosette rouge. L'hôtelier se pencha vivement, ne pouvant en croire ses yeux. Puis brusquement il se releva, s'écriant :

— Un officier de la Légion d'honneur! Qui aurait pu penser cela? Le pauvre homme! Mais c'est une indignité de le laisser dans la boue!

— Marie! Marie! cria-t-il, appelant sa femme, qu'on mette vite des draps blancs au 48!

Une demi-heure après, quand je revins voir le suicidé pour continuer nos constatations, je le trouvai bien lavé, dormant son dernier sommeil sur un lit bien blanc, avec un crucifix sur la poitrine.

C'est ainsi, j'ai appris à le reconnaître par des expériences personnelles, qu'un ruban ou un titre font un honnête homme de celui qui, la veille, passait pour un gredin. Les plus arrogants devant une infortune deviennent les plus plats devant une apparence de puissance ou de notoriété.

Ce récit, d'ailleurs, ne serait point complet si je n'ajoutais que l'hôtelier fit payer à la famille du pauvre suicidé — un ancien haut fonctionnaire qui s'était tué dans un accès de fièvre chaude, — cent francs pour ses peines et soins, et que la cuisinière de l'hôtel réclama une somme égale pour la perturbation qu'avait apportée dans son organisme cette émotion inattendue !

Peu de temps après, j'eus une autre constatation à faire qui m'apprit qu'il y avait parfois pour un magistrat de bien répugnantes besognes dans l'accomplissement de son devoir. Rue Cail, dans le nouveau quartier Saint-Denis, habitait une fille galante, mademoiselle X...; un soir que j'étais seul au bureau, le concierge vint me prévenir que depuis près d'une semaine il n'avait pas vu

reparaître sa locataire et qu'il venait de s'apercevoir qu'un liquide nauséabond filtrait sous
la porte d'entrée. J'ai toujours eu une répulsion invincible pour les cadavres. Les longues
nuits passées sur les champs de bataille, mes
voyages dans l'Amérique du Sud, où il fallait
parfois de si loin ramener le corps d'un camarade tué par un Indien, n'avaient pu m'aguer-
rir, et, chose étrange, je dois avouer qu'aujourd'hui j'éprouve encore cette répulsion
toute physique, après avoir passé tant d'années dans la police. Cette faiblesse chez moi
était telle que je devais me raisonner assez
longuement, et me dominer pour entrer à la
Morgue, où j'avais affaire si souvent, pour
constater un crime ou un suicide. Je suis parvenu à dominer cette répulsion, parce qu'il
le fallait, parce que c'était le devoir, mais je
n'ai jamais pu échapper à cette première impression.

Je partis donc sans grand enthousiasme
pour la rue Cail ; mais intéressé tout de même
par l'anxiété de la découverte, me demandant
si cette femme disparue s'était tuée ou avait
été tuée. Allais-je donc avoir enfin le beau

crime qui hante l'imagination de tous les débutants dans la police ?

On était au mois de juillet, et il faisait une chaleur torride. Un serrurier avait été réquisitionné ; quand il ouvrit la porte d'entrée, une odeur nauséabonde nous prit tous à la gorge, bien que la chambre à coucher restât fermée.

— A vous l'honneur, monsieur le secrétaire, me dit le serrurier, un peu goguenard. Le magistrat ou celui qui le représente est comme l'officier, il doit toujours donner l'exemple.

Je mis la main sur le bouton de la porte et la poussai ; il me vint alors une bouffée d'air méphitique tel qu'il me sembla que c'était la mort même que j'aspirais. Le hasard voulut que dans l'obscurité, titubant, n'ayant plus connaissance de mes actes, au lieu d'aller tomber sur le lit, où gisaient deux cadavres putréfiés, j'allai tomber devant la fenêtre, qui se brisa, et je fis ainsi pénétrer dans cette pièce un peu d'air vital. Grandamy, le garçon de bureau du commissariat, me saisit et me porta sur le balcon.

J'étais dans un état tel que j'eus toutes les peines du monde à achever mes constatations.

Il y avait quinze jours et non huit jours, comme l'avait dit le concierge, que mademoiselle X... avait disparu.

C'était l'épilogue d'un drame touchant qui avait failli me coûter la vie ! Mademoiselle X... était fort belle — ce dont je ne pus juger, car je me souviens de n'avoir vu qu'une figure noire et grimaçante, dans laquelle grouillaient des vers. Mademoiselle X..., en outre, était romanesque, elle aimait passionnément un tout jeune homme que la famille de celui-ci avait voulu forcer à la quitter. Dans un accès de désespoir, les deux amoureux s'étaient asphyxiés classiquement, avec le réchaud de Jenny l'ouvrière.

Je n'avais pas encore mon premier crime, mais bientôt j'eus la charge de débrouiller une affaire criminelle qui me passionna, et me donna l'occasion d'essayer mes facultés d'induction.

Un matin, un ouvrier habitant passage Brady vint déposer une plainte terrible contre un homme chez lequel il travaillait et qui était un des plus gros industriels du quartier, en même temps qu'un de ceux dont l'honorabilité était la plus incontestée. La plainte de l'ouvrier était formelle. Il accusait son patron d'avoir attiré chez lui sa petite fille, une enfant de cinq ans, et d'avoir consommé sur elle le plus odieux des attentats. M. Collas, immédiatement, avait envoyé chercher l'enfant. C'était une drôle de petite créature, extraordinairement grande pour son âge, qui nous regardait avec des yeux sérieux, et répondit avec netteté à toutes les questions. Elle nous donna même, à M. Collas et à moi, la description complète de la chambre de l'industriel, en indiquant bien la place de tous les meubles, le sujet des gravures et des tableaux accrochés aux murailles, et fit la description des menus objets qui se trouvaient sur la cheminée.

Nous fûmes frappés, comme on peut le croire, par cette précision, et, toutes affaires cessantes, nous voulûmes mener cette affaire jusqu'au bout.

Le père avait consulté un médecin qui lui avait donné un certificat terrible. Aucun doute

n'était possible, l'enfant avait bien été victime d'un attentat ignoble, et la brute qui
avait commis ce crime avait très probablement
blessé pour toujours la malheureuse petite
créature. S'il se fût agi d'un homme connu pour
un dépravé, M. Collas n'eût pas hésité un
instant à procéder à l'arrestation de l'inculpé
sur lequel semblaient peser des charges aussi
graves, quelle que fût sa position sociale.
Mais, par hasard, nous avions été amenés à
faire sur M. X... une enquête minutieuse, à
la suite d'une faveur particulière qu'il demandait au gouvernement, et nous n'avions re-
cueilli sur lui que des renseignements excellents : c'était un homme d'une probité com-
merciale incontestée, et un patron s'occupant
du sort de ses ouvriers avec une bonté presque paternelle. Enfin, il avait la vie la plus
régulière qu'il fût possible d'imaginer, ne sortant jamais sans sa femme et ses filles. Avait-
il donc été pris d'un accès de folie subite ?

M. Collas, après de longues réflexions, se
décida à ne pas procéder à une arrestation
immédiate. Un inspecteur passa au bureau de
M. X... et le priait de venir au commissariat.

7.

pour une affaire qui l'intéressait. Le malheureux, qui connaissait un peu M. Collas, arriva
au bureau très gai ; il tendit amicalement la
main au commissaire qui le reçut avec la réserve qu'imposait la situation, et en deux mots
le mit au courant de l'accusation infâme qui
pesait sur lui.

— Mais c'est impossible !... s'écria M. X...
devenu très pâle. Une accusation semblable
contre moi, ce n'est pas sérieux !

— Si sérieux pourtant, repartit M. Collas,
que voici la déposition qu'a faite l'enfant.

Et il lut le récit précis de la fillette.

— Oui, c'est vrai, répondit l'infortuné fabricant, cette petite était très gentille, et plusieurs fois, quand elle venait chercher son
père à la sortie de l'atelier, je lui ai donné des
bonbons. Mais, jamais, je le jure, elle n'est
entrée dans ma maison !

— Pourtant, fit le commissaire, cette description qu'elle donne de votre chambre, est-
elle exacte ?

M. X..., affaissé, livide, ne put que répondre :

— Oui, c'est bien cela. Mais je vous le jure

sur la tête de mes enfants, jamais je ne l'ai emmenée chez moi !

Le pauvre homme semblait accablé sous le poids d'une fatalité terrible.

M. X... rentra chez lui, et, sans qu'il s'en doutât, un service de surveillance fut établi à sa porte, pour qu'il lui fût impossible de prendre la fuite s'il en avait envie.

Le lendemain, à l'heure dite, il revenait au commissariat afin d'être confronté avec la petite fille. Cette confrontation fut terrible pour lui. L'enfant, avec un grand accent de sincérité, répéta tout ce qu'elle avait dit la première fois, sans omettre un détail. Atterré comme un criminel, M. X... ne savait que répondre :

— C'est infâme. Je ne suis pas coupable !

Et, circonstance aggravante, le malheureux déclarait que le père de l'enfant n'était jamais venu dans son appartement. M. Collas hésitait, cette fois, à laisser en liberté M. X... Il semblait que sa culpabilité fût certaine.

Je lui demandai, pourtant, de différer encore, et je restai seul, dans son cabinet, avec l'inculpé, pendant qu'on reconduisait l'enfant à son père, que nous n'avions point voulu laisser assister à la confrontation, de crainte que, dans son indignation bien légitime, il ne se livrât à quelque acte de violence.

— Je suis perdu, me dit M. X..., s'écroulant sur une chaise. Je n'ai plus qu'à me tuer.

— Alors, vous êtes coupable ? lui répliquai-je vivement.

— Moi, fit-il, se relevant, je suis innocent de ce crime répugnant, je vous le jure, monsieur, sur la tête de tous les êtres qui me sont chers ; sur la tête de mes filles, sur la tête de ma femme, sur la tête de ma vieille mère qui mourra de ce coup terrible !

Jusqu'à la fin de ma carrière de policier, j'ai été un sentimental, et je crois qu'au fond, cette sentimentalité est la meilleure défense contre les entraînements professionnels. Je fus profondément ému de l'accent de sincérité de cet homme, et pourtant sa culpabilité semblait certaine.

— Puisque vous êtes innocent, dis-je à M. X..., vous n'avez pas le droit de vous tuer. Votre devoir est de prouver votre innocence. Rentrez chez vous, et attendez que le commissaire vous convoque de nouveau.

— Cet homme est innocent, dis-je à M. Collas, quand je restai seul avec le commissaire.

— Peut-être, répondit mon patron, qui avait un sens très droit ; mais comment le prouver ? Comment expliquer cette accusation ?

Nous avions eu le temps de recueillir des renseignements sur le père de l'enfant et ces renseignements avaient été bons. Il était gêné, avait la réputation auprès de ses camarades d'être un peu sournois, mais il était sobre, ne fréquentait point les cabarets, et jamais il n'avait commis un acte malhonnête.

— Voulez-vous me permettre d'interroger le père comme il me conviendra ? demandai-je à M. Collas.

— Faites, dit-il ; il est encore là, dans le bureau des inspecteurs.

Je fis venir l'ouvrier et lui dis à brûle-pourpoint :

— Plusieurs fois vous êtes allé dans la chambre de votre patron ?

— Oh ! non, monsieur, répondit-il étourdiment. Une seule fois, il y a longtemps, pour porter un paquet qui avait été oublié à l'atelier !

Mais ce fut tout ; l'homme reprit la litanie de ses injures contre M. X..., le misérable ! qui avait commis un crime plus lâche qu'un assassinat !

Je jugeai que le moment n'était pas venu de pousser plus loin cet interrogatoire, et, sans lui permettre de la revoir, je fis venir la petite fille, après avoir donné l'ordre à Grandamy, mon garçon de bureau, d'aller m'acheter quelques bonbons.

L'enfant, toute joyeuse, suçait un sucre d'orge et me regardait en souriant, quand je lui dis doucement :

— Tu sais, ce que tu as fait est bien mal. Le bon Dieu te punira. Tu as menti, tu n'es jamais allée dans la chambre du monsieur.

— Le bon Dieu ne peut pas me punir, répondit l'enfant, puisque j'ai obéi à papa.

— Après tout, tu as raison, repris-je, il faut toujours obéir à ses parents. Sapristi, tu as une bonne mémoire. Tu savais bien ta leçon !

— N'est-ce pas ? dit la petite, joyeuse.

Aussi, vous me récompensez en me donnant des bonbons.

J'étais entré dans la confiance de l'enfant ; ce ne fut plus qu'un jeu de lui faire raconter comment son père lui avait appris ce qu'il fallait dire et surtout la description de la chambre, sans omettre aucun détail.

Cependant, le rapport du médecin établissait la réalité d'un attentat. Cet attentat, qui l'avait commis ?

L'enfant ne fit aucune difficulté de me le dire. Un soir qu'elle était seule à la maison, sa mère étant sortie pour faire quelques emplettes, un camarade de son père était venu, et cette brute avait commis sur elle le crime dont on accusait M. X... Elle ne savait même pas comment s'appelait le misérable.

Le père, toujours sans avoir revu sa fille, comparut de nouveau devant M. Collas et moi.

— Vous êtes un misérable, lui dit le commissaire ; votre fille a tout avoué : c'est vous qui lui avez fait la leçon. Le coupable n'est pas M. X..., c'est un de vos camarades d'atelier.

L'homme alors éclata en sanglots. C'était

vrai, M. X... était innocent ; c'était un camarade d'atelier, un Belge, reparti en hâte pour son pays, qui avait souillé l'enfant. Alors, il lui était venu l'idée de profiter de ce malheur pour se faire donner un peu d'argent par M. X... que tout le monde disait riche. Jusqu'alors il avait espéré que le fabricant viendrait lui offrir une grosse somme pour retirer sa plainte.

On peut juger de la joie de M..X... quand il connut l'épilogue de cette sinistre aventure, qui avait failli lui coûter l'honneur. Ce fut lui qui nous demanda de ne pas pousser plus loin l'affaire.

Son ouvrier pouvait être poursuivi pour dénonciation calomnieuse, mais le seul résultat de cette poursuite eût été un peu de boue sur le malheureux fabricant ; car telle est la puissance du fameux dicton : « Il n'y a pas de fumée sans feu », que les gens les plus raisonnables hésitent à confondre la plus odieuse des calomnies, craignant toujours que les imbéciles ne murmurent : « Tout cela est louché. Qui sait s'il n'était pas coupable ? »

D'un autre côté, le père se refusait obstinément à donner le nom du vrai coupable. Il n'y avait qu'à le mettre à la porte en le gratifiant de toutes les épithètes qu'il méritait.

Cet exemple de ce que valent en justice les témoignages d'enfants m'a, depuis, beaucoup servi. Jamais je n'ai accepté une accusation portée par un enfant, de la façon la plus simple, la plus naïve même, sans la contrôler avec plus de soin encore que si c'eût été le témoignage d'un voleur ou d'un complice.

Les enfants savent jouer tous les rôles, et ils les jouent avec sincérité, car ils croient bien faire en obéissant à leurs parents. Ne les voyez-vous pas, d'ailleurs, tous les jours, au théâtre, étonner le public par la sincérité de leur jeu? On frissonne en songeant au nombre d'erreurs judiciaires que des témoignages d'enfants ont dû faire commettre.

L'erreur judiciaire qui pourrait faire tomber la tête d'un innocent, dans l'état actuel de notre législation, l'erreur judiciaire, cette chose épouvantable, dont la perspective terrifie le magistrat ou le policier soucieux du devoir, l'erreur judiciaire est presque impossible à éviter d'une façon absolue; et, tant que je suis resté à la Sûreté, je me suis efforcé, dans les limites de mes attributions, d'obtenir que la peine de mort, la peine irréparable, ne fût appliquée qu'aux criminels dont la culpabilité non seulement était démontrée, mais encore avouée. Cette impression était telle que jamais je n'ai pu assister à une exécution sans un violent serrement de cœur, même quand celui que le bourreau allait frapper s'appelait Prado ou Pranzini.

Plus j'avançais dans ma carrière de magistrat, plus je me demandais si la peine irréparable n'excède pas le droit de la justice des hommes !

Mais cette question de la peine de mort soulève de si redoutables problèmes que je lui consacrerai un chapitre spécial, quand je parlerai des assassins que j'ai été réveiller dans leurs cellules, à l'heure où l'aube se levait, où les oiseaux chantaient dans les arbres, pendant que les grands bras de la guillotine se dressaient place de la Roquette.

Si la loi, parfois, paraît plus terrible qu'elle n'a peut-être le droit de l'être, il est d'autres cas où sa mansuétude est une injustice. L'affaire que je vais raconter, et qui fut mon début dans les crimes passionnels, en est la preuve bien certaine.

Un médecin bellâtre, le docteur Z..., avait pour maîtresse une modiste dont la boutique se trouvait dans les environs de l'Opéra. En sa qualité de bellâtre, Z... était extrêmement volage : il abandonna un beau jour la modiste pour une gentille fleuriste qui demeurait dans le quartier Saint-Vincent-de-Paul. Quand la modiste, qui adorait son amant, sut quelle était la rivale qui l'avait supplantée, elle voulut tirer de celle-ci une épouvantable vengeance ; elle remplit de vitriol une cafetière qu'elle cacha sous son manteau, et vint l'attendre à la porte de son atelier.

Les passants indignés voulaient lyncher cette misérable. Les agents eurent de la peine à la mener jusqu'au bureau du commissariat. La malheureuse fleuriste était épouvantablement brûlée et, un instant, on craignit pour sa vie. On courut chercher le docteur Z... qui arriva en habit noir, en cravate blanche, sortant peut-être de sa soirée de fiançailles, car il se maria peu après. Cet homme qui, en réalité, était la cause d'un drame affreux, semblait se rengorger et dire : « Regardez ! admirez-moi ! C'est pour moi qu'une femme vient d'en défigurer une autre. » On aurait dit qu'il était fier d'être le héros de cette sinistre aventure. M. Collas le reçut avec une dureté méritée.

La modiste criminelle ne fut condamnée qu'à un an de prison. On a de ces indulgences pour les héroïnes du vitriol. Mais si les jurés qui se montrent si sensibles pour ces crimes dits passionnels avaient vu le spectacle auquel j'assistai l'année suivante, il est probable que leur sensibilité aurait eu à s'exercer autrement.

Dix-huit mois après ce crime, j'étais secrétaire de M. Clément, commissaire aux délégations judiciaires, qui m'avait envoyé à l'hôpital Beaujon pour je ne sais quelles constatations. Je vis alors, dans la lingerie, une malheureuse créature, se tenant à peine, le visage entièrement enveloppé dans des bandelettes, les bras creusés par des blessures affreuses, qui s'avança vers moi, en m'appelant par mon nom.

— Vous ne me reconnaissez pas, me dit-elle, et c'est bien naturel ; moi, je me souviens de la façon dont vous me consoliez lors de cet accident affreux. Je suis mademoiselle X..., qui fut vitriolée. Pourquoi la misérable ne m'a-t-elle pas tuée ? Maintenant, je suis un monstre si horrible à voir, que je ne puis me décider à quitter l'hôpital. On m'y garde par charité. Ce que j'ai de mieux à faire, c'est d'y finir ma misérable destinée, m'employant à toutes les besognes, et surtout ne montrant jamais aux malades mon visage qui leur ferait horreur.

Et la répulsion instinctive de l'homme pour toutes les difformités de la nature est telle, que je détournai les yeux, quand elle retira ses bandelettes pour me montrer son visage rongé par le vitriol. Involontairement, je songeai au lépreux de la cité d'Aoste. Comme lui, cette malheureuse était désormais retranchée de l'humanité. Et la misérable qui l'avait mise dans cet état, cent fois pire que la mort, n'avait été condamnée qu'à une année de prison. Elle était libre déjà ; elle pouvait vivre de la vie de tous, elle était belle toujours : la victime était condamnée à l'éternel supplice de faire horreur à tous ceux qui l'approcheraient.

Ne vous semble-t-il pas qu'il y a une disproportion terrible entre le crime et le châtiment? Les vitrioleurs et les vitrioleuses sont condamnés pour coups et blessures, et quand la victime n'a point tout à fait perdu l'usage d'un de ses membres, la peine ne saurait être grave. Et pourtant il n'y a pas de crime où la préméditation soit plus lâche.

J'estime, quant à moi, que la femme qui attend son amant ou son mari un revolver à la main, et qui lui tire six balles dans la tête, est moins coupable que celle qui, lâchement, cache un bol de vitriol sous son manteau.

Sur ce point, il est nécessaire qu'une réforme législative intervienne. Condamner un être humain à une vie plus affreuse que la mort est un crime plus odieux qu'un meurtre. Il ne faut point oublier que ces attentats au vitriol étaient inconnus quand la loi a été faite. Sans cela, il est certain que le législateur les aurait prévus.

Après cette étude forcée du droit criminel et des crimes passionnels, un hasard me fit apercevoir qu'il y a réellement un triste revers à cette belle médaille de la police, qui m'était apparue superbe, défendant la société et se dévouant pour elle.

J'avais été pris par la fièvre de ce métier; je désirais quitter le poste paisible que j'occupais, et entrer aux délégations judiciaires. Mon camarade Fabre, qui était secrétaire de M. Clément, et qui allait être nommé commissaire de police, m'avait promis de me présenter à son patron, et j'allai un jour le trouver. C'était la première fois que je pénétrais dans le bâtiment du quai des Orfèvres.

— Attends-moi un peu dans ce couloir, dit Fabre; le patron est occupé en ce moment. Je viendrai te chercher tout à l'heure.

Je me promenais dans la vaste galerie mal éclairée par un bec de gaz, et je m'amusais à regarder les écriteaux placés sur les portes : « Délégations judiciaires; — service de Sûreté, permanence... »

Tout à coup, je sentis une lourde main s'appesantir sur mon épaule.

— Que faites-vous ici? me dit une voix dure. Suivez-moi. Allons, et plus vite que cela.

Et un robuste gaillard me prenant au collet m'entraînait.

Je n'étais pas encore patient, et mon premier mouvement fut de résister brutalement à cette brutale étreinte ; mais je réfléchis très vite qu'il était assez amusant, pour un secrétaire de commissaire de police, d'être arrêté comme un malfaiteur. Je me laissai faire, et tout à coup je me trouvai transporté dans un cabinet que j'ai bien connu depuis, puisqu'il fut le mien, en face d'un homme blond, un peu chauve, à la figure intelligente et fine, qui, très courtoisement, me fit asseoir et me déclara qu'il était M. Macé, chef de la Sûreté. M. Macé, depuis M. Claude, était le premier chef de la Sûreté qui s'était fait une réputation d'habileté et d'énergie. Les journaux ne s'occupaient que de lui. On ne parlait que de lui dans les commissariats de police, et je le regardais avec le respect admiratif du soldat pour son chef victorieux.

— Je vous demande bien pardon, monsieur, me dit M. Macé sans se départir de sa courtoisie un peu froide, mais je vous serais très obligé de me dire qui vous êtes et ce que vous veniez faire dans cette galerie ?

J'avais repris tout mon sang-froid et je répondis :

— J'avoue, monsieur, que je suis un peu étonné de la façon inattendue dont je suis admis à l'honneur de faire votre connaissance. J'ai été amené devant vous avec une rapidité qui ne m'a pas laissé le temps de vous demander audience. Je me nomme Goron, je suis le secrétaire de M. Collas, et j'attendais mon ami Fabre, qui doit me présenter à M. Clément.

M. Macé me regardait par-dessus ses lunettes d'or ; il sourit en entendant cette explication, et, venant à moi la main tendue, me dit :

— Excusez-moi, monsieur ; je regrette vivement la maladresse de cet agent. Mais je suis en ce moment obligé de prendre des précautions extraordinaires. Depuis que je suis en lutte avec la police municipale, je suis l'objet d'une véritable persécution. A chaque instant, des agens du contrôle viennent m'espionner. C'est pour cela que j'ai donné l'ordre de conduire dans mon bureau toute personne qu'on verrait stationner dans cette galerie. Cette consigne n'était pas pour vous, évidemment, mais vous avez trop d'esprit pour ne point comprendre la douloureuse nécessité à laquelle je suis réduit.

M. Macé me reconduisit jusqu'à la porte, et les hasards de la vie ont fait que, depuis, nous ne nous sommes jamais rencontrés, à mon grand regret, d'ailleurs, car j'ai toujours eu une estime profonde pour son caractère... Mais quand je revins vers le bureau de mon ami Fabre, je ne pouvais m'empêcher de faire de tristes réflexions.

Ainsi, ce ne sont pas les malfaiteurs seulement qu'espionnent les gens de police ? Ils se mouchardent même entre eux !

La vie n'est qu'une longue suite de désillusions.

CHAPITRE II

Peu de temps après cette aventure, j'entrai comme secrétaire titulaire chez M. Clément. Il m'est très difficile de le juger. Tant que je fus son inférieur, il me témoigna une extrême bienveillance ; dès que je fus commissaire de police, c'est-à-dire son égal, il montra contre moi une hostilité si accusée que, malgré tout mon désir de l'ignorer, un jour vint où je fus obligé de la constater.

Pourquoi cette inimitié? Je n'en sais rien, ou plus exactement, je n'en connais qu'une raison assez bouffonne. Je ne me suis aperçu qu'il nourrissait contre moi de mauvais sentiments, qu'à la suite d'une aventure quasi burlesque que voici : j'étais chef de la Sûreté et je crois que j'interrogeais un assassin, quand mon ancien patron, solennel comme toujours, entra dans mon bureau et me demanda de lui servir de témoin pour une grave affaire.

— Qu'y a-t-il donc ? demandai-je, inquiet.

— Des journalistes se sont permis de se cacher dans un coffre à bois de mon antichambre pour voir les gens que je recevais, répondit M. Clément avec l'indignation d'un prêtre dont le sanctuaire aurait été violé.

Je partis, je l'avoue, d'un franc éclat de rire.

— Et vous voulez, lui dis-je, que j'aille constater cette violation de coffre à bois? Mais ce n'est pas un délit prévu par le Code! Voyons, laissez donc cela tranquille, vous seriez ridicule!

Clément partit furieux, et le lendemain, en venant au rapport quotidien, j'aperçus sur le bureau du préfet, bien en vue, une dénonciation écrite dudit Clément contre moi. Était-ce une malice de M. Lozé? était-ce le hasard?

Toujours est-il que le papier était placé de telle façon qu'il m'était impossible de ne pas le voir, et que j'en fis l'observation.

—Ah! dit M. Lozé, en souriant, je suis bien ennuyé que vous ayez aperçu cela; enfin! j'espère que vous n'en voudrez pas à Clément; vous connaissez son caractère.

Néanmoins, Clément et moi sommes restés... brouillés depuis ce coffre à bois.

Je ne sais si mon ancien patron eut d'autres coffres à bois dans son existence, mais ce que je sais bien c'est qu'il était également brouillé avec mes prédécesseurs Kuhn et Macé. Je me garderai bien de reproduire ce que M. Macé écrivit sur son compte.

Mais revenons à l'époque déjà lointaine où je n'étais que son secrétaire et où il me témoignait de l'amitié.

En entrant aux Délégations judiciaires, j'espérais commencer enfin cette chasse aux criminels qui avait pour moi un attrait si grand. J'avais désiré devenir le collaborateur de M. Clément, croyant trouver près de lui un champ plus vaste pour mon activité et même en recevoir d'utiles leçons de police. Il passait, en effet, pour un des hommes connaissant le mieux les traditions, et sa solennité silencieuse lui avait donné la réputation d'un esprit très profond. Hélas! il fallut beaucoup en rabattre. L'idéal de mon nouveau patron eût été de bien m'initier aux mystères de la vidange et de la politique « côté manche »; mais, je l'avoue, je n'avais de dispositions ni pour l'une, ni pour l'autre.

M. Clément avait une spécialité, celle de vider les fosses. Dès qu'il s'agissait de rechercher un fœtus, ou le couteau d'un assassin dans une tinette, c'était toujours lui que l'on chargeait de la besogne. Quand j'étais chef de la Sûreté, je me souviens qu'un jour un juge d'instruction très connu me dit, à propos d'une affaire quelconque: « Il faut prévenir Clément, puisqu'il est nécessaire de vider cette fosse; il ne nous pardonnerait pas d'opérer sans lui. »

Le fait est que c'était devenu presque une spécialité dont il eût pu être jaloux. Je l'ai vu, d'ailleurs, mettre la main à l'ouvrage avec tant d'ardeur, qu'il était à croire que cela l'amusait. Les manches retroussées, il plon-

geait les mains... et il me gourmandait d'assister à son travail les bras croisés ; mais,
sur ce point, je n'ai jamais rien voulu savoir,
non plus, d'ailleurs, que pour les autopsies,
pendant lesquelles Clément bourrait lui-même
les bocaux... Je me contentais de prendre
des notes.

Il en était à peu près de même pour les manifestations de la rue, dont M. Camescasse
lui laissait la spécialité. La plupart du temps,
je suivais mon patron en flâneur, les mains
dans mes poches.

C'est ainsi, qu'à la manifestation des affa-
més sur la place de l'Opéra, j'ai appris à con-
naitre les douceurs du passage à tabac. Il
m'arriva d'être pris par un remous de foule,
au moment où les gardiens de la paix char-
geaient. Un grand diable de brigadier, une
sorte d'hercule, m'empoigna et se mit en
devoir de me passer sérieusement au tabac en
question.

— Laissez-moi, criai-je, je suis le secrétaire
de M. Clément.

Enfin, il entendit, et, retirant son képi,
se confondit en excuses pendant que j'es-

sayais de faire reprendre sa forme à mon chapeau.

Je me suis toujours demandé ce qui serait advenu de moi si je n'avais pas eu la chance d'être le secrétaire d'un commissaire de police, d'autant plus, je dois l'avouer, que j'avais fait de la « rouspétance ».

Et pourtant, il ne faut pas leur en vouloir, à ces malheureux agents, de leur contact souvent un peu vigoureux envers une foule qui les déborde, et que leur consigne est de maintenir. Ils font leur devoir, et si, dans la chaleur de l'action, ils s'emballent, on ne doit point oublier qu'ils font ce que le soldat fait sur le champ de bataille, et que pour eux, le manifestant, c'est l'ennemi. Et puis, quand on reçoit des coups, on a toujours la tentation de les rendre. Moi aussi, je fus pris de cette fièvre, au mois d'août 1885, à l'inauguration du monument de Blanqui, qui fut une grande manifestation socialiste à laquelle j'assistai forcément, puisque M. Clément, mon chef, commandait une partie du service d'ordre. Je revois encore cette poussée d'hommes autour du cimetière, et Séverine, un peu pâle, mais souriante, de grosses fleurs rouges à la main.

Tout à coup, il se fit une poussée dans la foule, et Aragon, qui est encore commissaire de police, s'empara d'un drapeau rouge. Mais les porteurs du drapeau voulurent le reprendre. Aragon n'avait autour de lui que son secrétaire et quelques agents ; brusquement, il fut entouré, et nous vîmes, tout à coup, lui, le drapeau rouge, et les agents disparaître dans la foule. M. Clément, les agents que nous avions sous la main, nous courûmes à la défense d'Aragon, comme nous courions à la défense des camarades quand les Prussiens les entouraient, à Montbéliard ou à Héricourt. Toute lutte revient toujours à être l'image de la guerre. Heureusement que, dans les manifestations de ce genre, ce n'était guère que des coups de poing qui étaient échangés. Je crois bien que ce jour-là, moi, qui n'aimais pas cet exercice, j'ai cependant tapé comme les autres. Il faut avoir la franchise de le dire : cet instinct qui pousse l'homme à répondre à la violence par la violence est peut-être ce qui le rapproche le plus de la bête, mais c'est aussi ce qui l'élève jusqu'aux dévouements héroïques. Le gardien de la paix qui défend son camarade dans une manifestation n'a pas un idéal différent du soldat qui court à l'ennemi pour dégager son bataillon ou son régiment. C'est toujours, sous une forme ou sous une autre, la défense du drapeau. Ce sont des vérités que la passion politique empêche d'avouer, mais, qu'au fond, tout le monde comprend. C'est aussi pour cela qu'on a vu si souvent ceux qui, jadis, tapaient sur les sergents de ville, leur ordonner, par la suite, de taper sur leurs anciens amis. Il n'y a guère que mon ancien patron Clément qui, lui, est invariablement resté du côté du plus fort.

Clément, du reste, n'est pas un homme, c'est une institution. En lui, se résument toutes les idées, toutes les doctrines des anciens policiers (1). Bientôt il sera, je crois, le dernier agent de la police ancienne, et quand on lui aura donné la croix de commandeur

(1) Nous devons faire remarquer à nos lecteurs que toute la première partie des *Mémoires de M. Goron* nous avait été livrée avant la mort de M. Clément. — *Note de l'éditeur.*

qu'il espère toujours, quand il prendra sa retraite, on pourra dire que cette institution aura disparu pour jamais.

Avec cela, très énergique et très brave. Je l'ai vu dans un incendie, faubourg Saint-Denis, et j'avais très chaud, en le suivant, je vous l'assure.

A l'inauguration du monument de Blanqui, à l'enterrement d'Amouroux et d'Arnould, il était toujours le premier en tête de ses hommes. On peut dire qu'il a toutes les qualités de ses défauts.

Si je fis avec lui une véritable opération politique, ce fut bien la fameuse manifestation Van Zandt. Ce jour-là, mon inexpérience admira la façon dont la police sait se servir de la badauderie des Parisiens. Toute la journée, on avait eu à la préfecture de police les inquiétudes les plus grandes, non pas pour mademoiselle Van Zandt, dont on ne s'occupait guère, mais pour M. Jules Ferry qu'on savait menacé d'une manifestation tumultueuse.

La nouvelle de la retraite de Lang-Son s'était répandue dans Paris, depuis le matin, et avait produit une émotion énorme dans la population. On craignit une émeute, et l'on avait pris les précautions les plus minutieuses pour garder le ministre des affaires étrangères.

Depuis plusieurs jours, d'un autre côté, des protestations contre mademoiselle Van Zandt se produisaient à l'Opéra-Comique. Je ne sais quelles furent les instructions que M. Camescasse donna à mon patron chargé, ce soir-là, du maintien de l'ordre à l'Opéra-Comique, mais ce que je sais bien, c'est qu'on profita de l'incident Van Zandt pour attirer la foule et empêcher la manifestation d'aller jusqu'au quai d'Orsay.

Nul, plus que moi, n'est soucieux du secret professionnel. Je l'ai bien prouvé quand je fus appelé à témoigner dans le procès Dupas-Royère; mais j'ai du secret professionnel une conception qui n'est peut-être pas tout à fait celle des hommes politiques. J'estime qu'il n'y a secret professionnel, en matière de police, que pour les questions intéressant la sûreté de l'État, ou l'honneur des particuliers. Le secret professionnel serait une immoralité s'il devait exister pour le fonctionnaire décidé à signaler une pratique mauvaise, dangereuse, parfois contraire à la morale que toutes les philosophies et toutes les religions s'accordent à enseigner.

Mais en ce qui concerne l'incident Van Zandt, je n'ai pas de secret à garder, pour la bonne raison qu'on ne m'en a point confié. Je me contente de raconter ce que j'ai vu et ce qui était fort pittoresque.

Comment tout à coup les manifestations parties de la rue Montmartre, pour aller chez M. Jules Ferry, se trouvèrent-elles à l'Opéra-Comique ? Je n'en sais rien, mais je sais comment on les garda autour de ce théâtre. Toutes les dix minutes, un agent en bourgeois sortait précipitamment. On criait : « Voilà Van Zandt ! » La foule s'élançait. M. Clément et ses agents la maintenaient ; il s'en suivait une bagarre et le tour était joué. Cela dura jusqu'à la fin du spectacle. Il était alors trop tard pour que les manifestants pussent aller chez M. Ferry. C'est ainsi que les événements les plus retentissants ont parfois des dessous ignorés du public. C'est ainsi que la dernière victime de Lang-Son fut cette pauvre mademoiselle Van Zandt, qui, à partir de ce moment, ne put reparaître sur la scène de l'Opéra-Comique.

Chaque jour, dans ce temps-là, apportait sa manifestation nouvelle et M. Clément était de toutes les fêtes.

Les élections de 1885, surtout, nous donnèrent bien du mal, et quand le *Gaulois*, dont les bureaux étaient alors situés boulevard des Italiens, illumina pour célébrer l'apparente victoire des monarchistes, M. Clément fut chargé de protéger contre la foule le journal de M. Meyer.

Nous passâmes quelques soirées peu agréables sur le boulevard, qu'éclairaient seuls les lampions du *Gaulois*. Là aussi, je perdis patience, comme à l'inauguration du monument Blanqui, et j'arrêtai de ma main un ou deux manifestants qui m'avaient grossièrement insulté. Cette besogne ne m'amusait guère, mais le policier est un soldat, comme je l'ai dit plus haut ; je faisais respecter ma consigne.

Il m'arriva, à l'occasion de ces élections de 1885, une assez plaisante aventure qui me prouva d'une façon pittoresque le peu de confiance des Parisiens en la stabilité des gouvernements.

Le soir du lundi, alors que les dépêches venues de tous les coins de la France annonçaient une défaite des candidats républicains dans un grand nombre de départements, M. Clément m'emmena vers deux heures du matin chez M. Gragnon, le nouveau préfet de police. Les circonstances étant graves, il venait, dit-il, se mettre à la disposition de son préfet.

M. Gragnon, qui avait déjà autour de lui ses principaux chefs de service, nous reçut avec une extrême amabilité, en nous déclarant qu'il nous gardait à souper. Mais, comme il était garçon et qu'il venait à peine d'emménager boulevard du Palais, il n'avait point une cuisine et une table organisées. Il me pria donc d'aller avec mon camarade Rouquier, secrétaire aux délégations, chercher, dans un restaurant, des huîtres, de la viande froide et des bouteilles de champagne. Nous avions tous deux été fourriers et nous nous acquittâmes de notre mission à la satisfaction générale.

Nous revînmes bientôt en fiacre chargés de provisions, et M. Gragnon constata que le souper que nous avions apporté était exquis.

Mais, vers cinq heures du matin, au moment où le préfet, entre la poire et le fromage, décachetait les dernières dépêches du ministère de l'intérieur, il se fit, dans l'antichambre, un bruit tel que M. Gragnon me pria d'aller voir ce qui se passait.

Je trouvai le garçon du restaurant, qui était venu ouvrir les huîtres, en violente discussion avec le valet de chambre du préfet.

— Qu'y a-t-il ? demandai-je.

— Il y a, monsieur, répondit le garçon, que j'ai l'ordre de mon patron de ne pas m'en aller sans que ma note soit payée.

— Revenez demain, mon ami, répondis-je. On vous payera à la caisse. J'espère que vous avez confiance dans le préfet de police.

— Confiance ? fit l'homme avec cet accent traînard que l'on connaît. Ah ! non, alors... Demain ! Mais le préfet n'y sera plus. On dit partout que le gouvernement est battu.

Malgré toute mon éloquence, je ne parvins pas à faire comprendre à cet homme que les gouvernements, même en tombant, payent leurs dettes où les font payer par leurs successeurs ; il ne voulut point démordre de sa consigne. Je revins rendre compte de l'incident à M. Gragnon qui rit beaucoup, et paya la note du restaurateur.

Clément, en dehors de la vidange et de la politique, avait encore une autre spécialité qui fut, pour moi, l'occasion d'études intéressantes sur les dessous de la vie parisienne, et aussi de réflexions philosophiques sur la mission moralisatrice de la police, et les besognes auxquelles, parfois, elle est contrainte de s'employer.

Clément avait la charge d'aplanir les difficultés que les personnages occupant un certain rang pouvaient avoir avec leurs maîtresses.

J'ai vu défiler de bien jolies filles dans le bureau de mon chef, et j'ai écrit sous sa dictée des interrogatoires suggestifs ;... mais ceci relève du secret professionnel tel que je le comprends.

Certes, la besogne dont mon patron était chargé était honorable, puisqu'elle était dans l'intérêt des familles et qu'il l'accomplissait avec une très grande honnêteté. Je dois dire, pourtant, que si j'ai vu souvent des femmes galantes essayant d'exploiter des fils de famille, il m'est arrivé d'assister à des scènes peu édifiantes, où il apparaissait, clair comme le jour, que certains hommes prétendent se servir de la police comme d'un moyen de chantage, se conduisant vis-à-vis de leurs maîtresses d'une façon indigne et abusant des droits que la loi leur donne.

Ce qui m'indignait le plus, c'est l'abus que j'ai vu faire de la faculté que la loi donne à la police d'expulser les étrangers, par simple mesure administrative. Ce que j'ai entendu de dialogues de ce genre :

— Mais, monsieur, il m'a fait un enfant ; qu'il paye les mois de nourrice.

— Mademoiselle, ceci ne nous regarde pas. Nous ne voulons pas de scandale. Vous êtes étrangère: si vous continuez à faire du tapage à la porte de M. X..., nous vous expulsons.

Et quand les pauvres filles bravaient le danger, quand elles continuaient leurs réclamations, on les reconduisait à la frontière.

Eh bien ! cela me semblait et me semble toujours monstrueux. Quand le comte de X..., ou le marquis de Z..., faisait un enfant à la bonne de madame sa mère, il ne s'inquiétait guère de savoir si la femme qu'il désirait était luxembourgeoise ou suissesse. Pourquoi donc s'en préoccupait-il le jour où il fallait payer les mois de nourrice ?

Quand M. X... avait fait des billets à mademoiselle X..., qu'il aimait passionnément, il n'avait point trouvé que sa nationalité belge ou italienne refroidissait son ardeur. Pourquoi donc s'avisait-il tout à coup, le jour de l'échéance, que cette nationalité l'empêchait de payer la dette qu'il avait souscrite ? Et ces maris qui, le lendemain du divorce, faisaient expulser leur femme ?

Ce sont, à mon avis, de dangereux errements, et quand il s'agit d'intérêts privés aussi délicats, la police doit éviter l'apparence même de l'arbitraire. Sans doute, il est des cas, et même des cas nombreux, où le devoir de la police est d'intervenir dans l'intérêt des familles ; mais il faut alors au magistrat une délicatesse et un tact extrêmes. M. Clément,

malgré sa bonne volonté, semblait peu fait
pour ce rôle de diplomate. Il apparaissait trop
comme un simple croquemitaine.

J'avoue que je fus enchanté de quitter les
Délégations judiciaires quand, peu de temps
après les élections de 1885, je pus passer mes
examens pour le grade de commissaire de police, et que j'eus la chance d'être reçu premier. M. Gragnon me nomma commissaire de
police à Pantin.

CHAPITRE III

AU PAYS DE TROPPMANN

Le jour même où je pris possession de mon commissariat, le 1ᵉʳ octobre 1885, quatre ans et demi après mon entrée chez M. Dodieau, en costume de gaucho, mon premier soin, en pénétrant dans cette maison étroite et basse de la rue de Paris, fut de prendre le répertoire et de chercher tout ce qui pouvait se rapporter à l'affaire Troppmann. J'avais lu tant de choses, je m'étais si vivement passionné pour ce sinistre drame de la fin de l'Empire, que j'avais une curiosité extrême de découvrir quelque détail ignoré de cette cause célèbre, dont le mystère ne fut jamais pénétré tout à fait. On n'a jamais connu d'une façon précise le mobile de l'assassin, et la justice n'a pu parvenir à savoir s'il avait eu des complices, ce qui semblait probable. Il était difficile, en effet, de s'imaginer cet homme, massacrant seul, dans le fameux champ Langlois, madame Kinck et ses cinq enfants.

Je me souvenais encore d'une des légendes qu'on avait fait courir à la fin de l'Empire : on disait que ce crime fameux n'avait été qu'un dérivatif inventé par la police. J'avoue que je trouvai peu d'éclaircissements dans le réper-toire du commissariat. Mon prédécesseur du temps de l'Empire n'avait certainement pas cet instinct de romancier qu'on trouve chez tant d'hommes de police. Une demi-page à peine, sèche comme un rapport de gardien de la paix. Je découvris, au milieu de vieux papiers, une complainte de 1869 qui m'amusa si fort que quelques couplets sont restés dans ma mémoire. Cela commençait ainsi :

> Il pouvait être dix heures,
> Ou minuit juste environ,
> Quand un infernal luron

Vint loin de toute demeure,
A l'abattoir conduisant
Un' mère et ses cinq z'enfants.

Le couplet sur Hauguel, le calfat du Havre,
qui sauva Troppmann, quand il se jeta dans
les bassins, mérite aussi d'être cité :

Pour prix de son dévoûment,
Il reçut du *Figaro*
Un superbe chronomètre,
Et de son gouvernement
Un' médaill' d'or en argent.

Enfin, l'empoisonnement du vieux Kinck
dans la forêt Noire :

Car c'était du cyanure
De fer et de potassium,
Plus terribl' que l'laudanum,
Qu'Troppmann, rebut d' la nature,
Ingéra dans les viscères
De Kinck. A quoi que l'vic' sert.

Ce fut la seule chose intéressante que je
trouvai au pays de Troppmann, et malgré
toute l'ardeur que je mis à étudier le procès,
je ne découvris point le mobile certain du
crime, et encore moins les complices ! C'eût
été pourtant un début assez curieux dans la

police. Mais cette étude du crime du champ Langlois m'apprit une vérité, que me confirma depuis une longue pratique des affaires : je veux parler du peu de valeur des signalements.

Comme je l'ai dit, quand je fus appelé à témoigner au procès Dupas : tous les signalements sont ridiculement faux ou incomplets. Un seul assassin, je crois, fut arrêté grâce à son signalement. Ce fut Troppmann ; mais ce signalement n'était pas le sien.

On croyait que l'assassin de toute la famille était le fils aîné, Jean Kinck. Le signalement du malheureux, dont on retrouva ensuite le cadavre, avait été envoyé à toutes les brigades de gendarmerie.

Sur le quai du Havre, un brave Pandore, nommé Ferrand, était justement en train de lire ce document officiel, quand il aperçut un jeune homme à la démarche hésitante, qui se dirigeait vers un paquebot transatlantique.

Le bon gendarme compara le signalement à l'homme suspect. « Après tout, pourquoi ne serait-ce pas celui-là ? » se dit-il. Il s'avança et demanda à l'inconnu ses papiers. Alors

Troppmann, terrorisé, piqua une tête dans le bassin.

C'est, à ma connaissance, le seul cas où un signalement servit à quelque chose.

Il y a de bonnes raisons pour qu'un signalement soit toujours inexact, sauf le cas tout particulier où l'on possède du coupable présumé une fiche du service d'anthropométrie.

Prenons d'abord celui qui est le plus fréquent. Un crime est commis, on ignore l'identité de l'assassin, mais plusieurs personnes l'ont vu. On va donc pouvoir dresser un signalement minutieux qui fera arrêter ce misérable.

Le juge d'instruction, le commissaire, le chef de la Sûreté se réunissent. On fait d'abord comparaître la concierge qui a vu l'assassin, qui lui a parlé pendant dix minutes.

— Messieurs, dit-elle, je le vois encore. C'est un grand brun, avec un gros nez, d'énormes moustaches et des yeux qui m'ont fait peur.

Le greffier prend des notes, on remercie la concierge et l'on fait venir la fruitière, qui jure « qu'entre dix mille elle reconnaîtrait le

gredin qui est venu lui demander un renseignement ». La bonne dame commence :

— C'est un petit homme, châtain...

— Pardon, interrompt le juge, la concierge
prétend que c'est un homme grand et brun...

— Oh ! reprend le concierge, pas si grand
que cela. Et puis pas brun, châtain foncé, si
vous voulez, au nez mince...

— Non, non, interrompt le juge, la concierge affirme qu'il a un gros nez.

— Jamais de la vie, s'écrie la fruitière entêtée : un nez ordinaire, tout au plus.

— Mais il a des yeux étranges, fait le juge,
qui espère obtenir enfin un renseignement
utile.

— Ses yeux, fait la fruitière en haussant les
épaules, il est impossible de les voir, puisqu'il porte des lunettes bleues.

Que voulez-vous que fasse la justice ? Elle
fait une moyenne, et expédie un signalement
à la diable !

Prenons maintenant un autre cas : celui
d'Arton, si vous voulez. On connaît fort bien
l'identité de l'homme qu'il faut arrêter. Mais
qu'a-t-on de lui ? Une photographie faite il y

a dix-huit ans, et un portrait au fusain vaguement ressemblant.

La même cérémonie recommence. On fait venir toutes les personnes qui ont connu le fugitif, et leurs renseignements sont aussi contradictoires que ceux de la concierge et de la fruitière, qui ont aperçu l'assassin anonyme! La vérité, c'est qu'il est presque impossible de dresser un signalement de mémoire. C'est pour cela que les fiches de M. Bertillon rendent tant de services à la police.

Quand mon prédécesseur Fabre, qui avait été mon camarade et qui m'avait déjà cédé sa place aux délégations judiciaires, me remit le service; quand mon secrétaire vint prendre mes ordres et que je me sentis, pour la première fois, maître dans mon petit domaine, j'éprouvai une certaine joie. Enfin, j'allais donc pouvoir faire de la police comme je la comprenais.

— Vous allez avoir beaucoup à faire à Pantin, m'avait dit M. Gragnon. Il y a, dans ce pays, un tas de gredins qui terrorissent la population. Je compte sur vous pour y rétablir la sécurité.

Cette déclaration de mon chef m'avait ravi. De Clichy à Pantin, en effet, dès qu'on sortait de Paris, on apercevait alors toute une population déguenillée, rôdant sur les glacis des fortifications ou attablée dans quelques cabarets borgnes ; on se demandait si ce n'était pas là qu'était venue se réfugier l'ancienne Cour des Miracles.

Au moment où j'arrivai, une série d'attaques nocturnes, de vols à main armée avait affolé les habitants. C'est de ce côté que je portai immédiatement mes efforts.

J'ai toujours eu une grande activité et je n'éprouve pas le besoin de beaucoup dormir.

Immédiatement, j'organisai des rondes nocturnes que je dirigeais moi-même, car j'avais à surveiller deux catégories d'individus également recommandables : les souteneurs et les bonneteurs qui, alors, foisonnaient à Pantin.

Je serai amené à consacrer un chapitre spécial aux souteneurs de Paris, dont j'ai eu fort à m'occuper quand je dirigeai le service de la Sûreté, ainsi qu'aux bonneteurs, dont les exploits aux courses d'Auteuil et sur les lignes de chemins de fer me donnaient parfois bien du mal.

Les souteneurs et les bonneteurs de Pantin faisaient partie de la dernière des catégories. Les filles qui opèrent sur les talus des fortifications n'ont point un commerce très prospère, par conséquent leurs souteneurs sont médiocrement entretenus. Quant aux bonneteurs, qui dressaient dans la zone leur petite table, ils ne pouvaient guère dévaliser de gros pontes sur la grande route de Pantin.

Les souteneurs, comme il était nécessaire, eurent d'abord tous mes soins et je dois dire que, beaucoup cumulant la profession de bonneteur, je fis souvent d'une pierre deux coups.

Nous partions vers deux heures du matin, mes agents armés de bâtons, et nous suivions la route d'Allemagne, la rue de Pantin, allant d'Aubervilliers au Pré-Saint-Gervais, et faisant lever tous les rôdeurs endormis que nous trouvions dans les fours à chaux ou les fossés de la route. Bientôt, tous ces chevaliers de la nuit s'aperçurent qu'il n'y avait plus de sécurité pour eux dans ce pays.

Une nuit nous courûmes sur la route

d'Allemagne, attirés par des cris désespérés. C'était un charcutier de Pantin qu'une bande avait arrêté, roué de coups et dévalisé. Nous arrivâmes juste à temps pour l'empêcher d'être assassiné, mais il fallut engager un combat véritable avec les voleurs qui se défendirent si bien que nous ne pûmes en arrêter qu'un. Il est vrai que le lendemain, grâce aux révélations du prisonnier, je pinçai toute la bande.

En même temps, j'avais organisé pendant le jour la chasse aux bonneteurs. En quelques semaines, je fis des rafles successives et tellement importantes que le syndicat des bonneteurs se trouva tout désorganisé.

Mes agents et moi, nous tombions sur eux à l'improviste, en dépit des sentinelles placées pour signaler notre arrivée.

Les bonneteurs imaginèrent alors un autre truc.

Toute la journée, un clairon se tenait sur les fortifications, sonnant à pleins poumons l'air connu : « *As-tu vu la casquette, la casquette au père Bugeaud.* » Dès que le clairon apercevait au loin ma silhouette, ou celle de

mes hommes, il changeait d'air et sonnait le
ralliement. Alors on pouvait voir les bonneteurs s'enfuir de tous côtés, les uns tirant
vers Pantin, les autres vers Aubervilliers.

Il me fallut chercher un autre stratagème.
Avec quelques agents, je gagnais Paris par un
chemin détourné et je montais avec eux dans le
tramway qui va de la place de la République
à Aubervilliers.

Les fortifications franchies, nous descen-
dions vivement et nous tombions sur les bonneteurs, qui n'avaient plus le temps de s'enfuir. Mais dans cette lutte d'ingéniosité entre
les voleurs et la police, les bonneteurs ne dé-
sarmèrent pas. Ils mirent alors un des leurs
en observation sur le passage du tramway ;
cet observateur montait tranquillement sur
l'impériale quand il nous apercevait dans l'intérieur et, d'un geste convenu, avertissait le
clairon que la voiture arrivait aux fortifications.

Je fus donc obligé d'organiser de vérita-
tables opérations militaires. Il fallait cerner
toute la partie de la zone où opéraient les
bonneteurs, et faire des razzias. Peu à peu,

les bonneteurs, voyant ma ténacité, se découragèrent et abandonnèrent Pantin.

Je jouissais, parmi ces industriels, d'une popularité méritée ; tous me connaissaient et me haïssaient, comme il était juste, puisque j'étais leur persécuteur, et les souteneurs ainsi que les rôdeurs qui recevaient, toutes les nuits, des coups de trique de mes agents, n'avaient pas pour moi une tendresse plus grande, quand il m'arriva une aventure que je crois devoir raconter, parce que cette nuit-là j'eus véritablement le *trac*, et ce fut même le *trac* qui, seul, m'inspira.

J'étais allé au théâtre, et j'avais donné rendez-vous à mes agents pour une heure du matin, à la porte de Flandre, pour faire une battue, comme à l'ordinaire.

Quand j'arrivai aux fortifications, je ne trouvai personne ; je ne me souviens même plus de la raison qui empêcha tout mon monde d'être exact. Toujours est-il que j'étais descendu du dernier tramway et que j'avais une longue route à faire par une nuit noire, dans ce pays où j'étais haï des rôdeurs.

J'ai toujours eu la mauvaise habitude de ne

porter aucune arme. Néanmoins, je pris assez gaiement ce contre-temps, me disant qu'après tout, si j'étais attaqué, je le verrais bien.

Comme je sortais des fortifications, j'aperçus au détour des Quatre-Chemins une sorte de brasero autour duquel, à la lueur du feu, je vis très distinctement les casquettes reconnaissables, les foulards rouges et les visages blêmes de mes clients ordinaires. J'eus la sensation très nette du danger, car il m'était impossible de ne pas passer devant cet étrange campement, et j'avoue que j'éprouvais un petit serrement de cœur, comme le matin des batailles, quand j'entendais siffler les obus au-dessus de ma tête.

Mais bien vite j'eus pris mon parti, et je m'avançai à grands pas vers le brasero. Il se produisit, aussitôt, un mouvement dans la troupe des noctambules, et peu s'en fallut qu'ils ne prissent la fuite.

— Eh bien ! mes enfants, m'écriai-je, un peu goguenard, on ne dit pas bonsoir à son commissaire ?

Tous s'étaient dressés, même ceux qui dormaient accroupis devant le brasero ; toutes

les casquettes se soulevèrent et j'entendis un
« Bonsoir, monsieur le commissaire », prononcé avec un ensemble qui rappelait les figu-
rants de l'Ambigu.

— Eh bien! repris-je, qui veut accompagner son commissaire? La route est longue et
je m'ennuie tout seul.

— Ah! monsieur le commissaire veut rire,
fit un grand gaillard que je connaissais pour
l'avoir vu amener deux ou trois fois au commissariat, et qu'on appelait « le Grand Frisé ».
Monsieur le commissaire ne peut pas s'en-
nuyer avec ses agents.

— Je n'ai pas d'agents, je suis tout seul,
répondis-je, toujours gouailleur. Allons, toi,
le Grand Frisé, puis toi, et l'autre, là-bas,
vous allez m'accompagner.

— Comme vous voudrez, monsieur le commissaire.

Les trois gaillards me suivent et nous nous
enfonçons dans la nuit.

— Tout de même, me dit bientôt le Grand
Frisé, monsieur le commissaire est farce!
Comme si nous ne savions pas que ses agents
nous suivent derrière!

— C'est toi qui es un farceur, répondis-je. Puisque je te dis que je suis seul !

Le Grand Frisé haussa les épaules.

— Allons donc, m'sieu le commissaire, nous sommes pas assez *gniols* pour croire cela.

Puis il ajouta, inquiet :

— Vous n'allez pas, au moins, nous faire arrêter ?

— Es-tu bête ! repris-je. Pourquoi te ferais-je arrêter ? Parce que tu me rends service en m'accompagnant ? Pour qui donc me prends-tu ?

Néanmoins, mes trois compagnons ne pouvaient faire dix pas sans retourner la tête.

Mon trac passa vite, en voyant le leur, et je m'amusai à les faire parler, à leur faire raconter leurs petites histoires. J'avais un paquet de cigarettes, je leur en offris, et dus presque me fâcher pour les forcer à les accepter.

Comme je leur faisais un peu de morale, leur disant que les bénéfices de leur métier ne valaient pas les risques, ils m'écoutèrent avec déférence ; mais leur attention était ailleurs. Ils continuaient à retourner anxieusement la tête, s'attendant toujours à voir paraître des agents et peut-être des gendarmes.

Ce ne fut pas moi, ce furent eux, qui poussèrent un soupir de soulagement quand nous aperçûmes, rue de Paris, la lanterne rouge du commissariat.

— Vous voilà chez vous, monsieur le commissaire, s'écria le Grand Frisé. Vous allez nous permettre de vous quitter ?

— Eh ! non, mes enfants, répondis-je. Puisque vous êtes venus jusqu'ici, vous allez me conduire jusqu'à la porte de ma maison, là-bas, un peu plus loin, et vous allez boire un verre à ma santé.

Leur terreur les avait repris. Ils regardaient encore autour d'eux avec inquiétude. Je leur fis servir une bouteille de cognac, à laquelle, du reste, ils firent honneur, car ils commencèrent à se rassurer lorsqu'ils se virent dans ma salle à manger.

— Ainsi, me dit le Grand Frisé, monsieur le commissaire, vous étiez seul? Vous n'aviez pas d'agents derrière vous ?

— Mais, imbécile, répondis-je, puisque je te l'avais dit.

— Ah ! voyez-vous, c'est que si on croyait toujours la police, on serait bien vite choppé !

Alors je m'élevai contre un semblable préjugé. J'estime, en effet, que le devoir des hommes qui représentent la justice, est de toujours tenir leur parole, et de ne jamais mentir, même aux derniers des gredins. Jamais je n'ai fait une promesse que je savais ne pouvoir tenir, même lorsqu'il s'agissait d'obtenir les aveux d'un assassin, ou d'un voleur émérite.

— Ah ! m'sieu, c'est une carotte, disent souvent les escarpes, quand on leur promet une faveur.

Non, la justice ne fait pas de carottes. Et si, il y a bien longtemps, des magistrats, entraînés par leur zèle, se sont laissés aller jusqu'à se compromettre dans des marchandages, ni moi, ni la plupart de mes collègues n'avons eu à nous reprocher aucune faiblesse de ce genre. Du reste, je reparlerai plus longuement de cette probité nécessaire quand je raconterai comment un chef de la Sûreté doit s'y prendre pour obtenir les aveux d'un accusé.

Le résultat curieux de ma promenade nocturne dans les plaines de Pantin fut qu'à partir de ce jour les trois escarpes qui m'avaient accompagné devinrent pour moi de précieux indicateurs. Dès qu'un mauvais coup avait été commis dans ma circonscription, j'étais sûr de voir arriver l'un d'entre eux, m'apportant un renseignement, la plupart du temps utile.

Mais ce résultat aurait été peu de chose; j'obtins mieux, sans avoir pour cela la prétention de passer pour un grand moraliste.

Sur les trois, deux finirent par me demander le moyen de devenir d'honnêtes gens. Je les recommandai chaudement dans une usine, et quand je quittai Pantin, leur patron était très content de leur assiduité au travail. Le troisième, par exemple, s'il m'en souvient bien, oublia de s'amender. Je crois qu'il fut pris dans une mauvaise affaire, et qu'il doit être encore en Nouvelle-Calédonie.

Ce petit incident eut en outre un résultat utile, pour la population du pays. J'avais expérimenté le danger de cette route; j'obtins du maire qu'il demanderait au Conseil municipal de voter les fonds nécessaires pour l'installation d'un poste de police aux Quatre-Chemins. Le Conseil municipal fut alors plus généreux que je ne pouvais l'espérer. Il porta de 18 à 24 le nombre des agents que j'avais sous mes ordres. J'en profitai pour augmenter ma surveillance, et quoique plus nombreux, mes pauvres agents n'eurent guère le temps de se reposer. Quand les escarpes s'aperçurent que le vol à main armée sur la grande route devenait très dangereux et peu lucratif, ils essayèrent d'autre chose ; et bientôt j'eus ma première bande.

Une nuit, je fus réveillé par plusieurs coups de feu, tirés assez loin, du côté de la rue de Montreuil ; au même moment, un agent venait me chercher, disant que des paysans étaient aux prises avec une bande de voleurs qui avait envahi « la Seigneurie », vieux manoir construit sur la route de Montreuil, et qui avait appartenu jadis aux comtes de Pantin.

J'arrivai, avec tous les hommes disponibles au poste central, au moment où le fermier voisin et ses garçons poursuivaient à coups de fusil et de revolver les malfaiteurs, qui s'étaient réfugiés dans les profondeurs du parc.

Ce fut, dans la nuit, une course fantastique au milieu des allées boisées, dont la profonde obscurité n'était éclairée que par la lueur des coups de feu tirés des deux côtés; car les voleurs étaient armés, eux aussi, de revolvers, et ripostaient.

Avant que le jour parût, mes agents et moi avions arrêté treize de ces bandits de grand chemin. Nous trouvâmes les derniers blottis sous le pont du chemin de fer où ils avaient installé une sorte de magasin. On y saisit des centaines de bouteilles de vin de Champagne qu'ils avaient précédemment volées dans les caves. Ils étaient chargés de ballots énormes; en dévalisant le château, ils avaient emporté jusqu'à des lustres et des fauteuils. C'était la classique bande de brigands, avec un chef et des lieutenants, car, chose assez amusante à remarquer, les voleurs, qui font profession de sentiments anarchistes, ne manquent jamais de choisir un chef.

L'incident le plus pittoresque de cette chasse à l'homme fut la terreur extravagante

d'un des voleurs arrêtés par mon brigadier,
qui l'avait ramassé gémissant dans une allée
du parc. Celui-là ne fit pas de résistance.
Terrorisé par les coups de fusil et les coups
de revolver, en proie à une sorte d'hallucina-
tion, il s'était laissé tomber dans un fossé,
persuadé qu'il avait reçu plusieurs balles et
qu'il allait mourir. Il fallut que je le fisse
déshabiller et mettre nu comme un ver pour
qu'il consentit à avouer qu'il n'avait pas une
égratignure.

Toute cette bande était à peine à Mazas
qu'il fallut m'occuper d'une autre, plus curieuse peut-être que la première, car ceux
qui la composaient semblaient être des personnages créés par Eugène Sue et jouaient
dans la vie réelle les *Mystères de Paris.*
Le fait qui amena leur arrestation était alors
banal à Pantin.

Un marchand ambulant, nommé Boissière,
un soir d'hiver, à la tombée de la nuit, suivait la route stratégique qui va de Pantin aux
Lilas, quand, tout à coup, une dizaine d'individus s'élancèrent d'un fourré où ils se
tenaient cachés, rouèrent de coups le malheu-

reux qu'ils laissèrent étendu sans connaissance au milieu de la chaussée, et s'emparèrent de sa balle qui contenait des marchandises pour une somme assez importante. Boissière fut retrouvé une demi-heure après par un laitier dont la voiture faillit l'écraser. Revenu à lui, son premier soin fut de venir déposer sa plainte à mon bureau.

J'ai déjà dit le peu de valeur des signalements. Boissière n'avait fait qu'apercevoir, dans la demi-obscurité du soir, quelques-uns de ses agresseurs. Il disait qu'il les reconnaîtrait entre mille, mais j'avais des doutes, sachant que les reconnaissances de ce genre sont rares. Il faut avoir l'œil très exercé pour reconnaître tout de suite un individu aperçu seulement quelques secondes dans la pénombre. Je comptais sur d'autres indices pour arriver à pincer les bandits.

Déjà, je commençais à bien connaître ceux qui composaient la partie louche de la population de ma circonscription; toute la nuit, je fis surveiller les endroits où se réunissaient les souteneurs les plus dangereux, et je fis garder les domiciles de quelques individus

que j'avais tout lieu de croire des receleurs.
Nous avions pu suivre à travers champs les
traces des voleurs, et j'étais certain qu'ils
étaient rentrés à Pantin. Il y avait, rue de
Montreuil, un garni louche.

Je savais que la plupart des individus qui y
demeuraient étaient de vilains drôles.

Vers minuit, j'appris que, toute la soirée, on
y avait fait ripaille, et qu'on y avait vu entrer
un homme chargé d'un gros ballot. Au petit
jour, je fis irruption dans la maison avec
quelques agents. Le patron, intimidé, me
donna quelques renseignements utiles, et me
montra la vaste pièce où dormaient une dizaine d'individus, et où étaient amassées des
quantités de marchandises.

— N'entrez pas, surtout, dit l'hôtelier terrorisé ; ils sont tous armés et ils se défendront
avec une énergie désespérée.

Je regardai par une fente de la porte, et je
vis qu'en effet, à côté de chaque grabat, il y
avait un couteau ouvert et un revolver armé.
Je n'avais qu'un petit nombre d'agents, mais
mes hommes commençaient à être aguerris et
n'avaient même plus conscience du danger.

Nous pénétrâmes dans la chambre avec une telle rapidité, que revolvers et couteaux furent enlevés avant que les gaillards eussent eu la possibilité de s'en servir. Un seul, Evrard, dit *Nez Sale*, le chef et le receleur de la bande, put saisir son couteau ; mais, d'un coup de bâton adroitement envoyé, un de mes hommes fit tomber l'arme.

Une des constatations les plus intéressantes que j'aie faites, pendant le temps que j'ai passé à la police, c'est celle du courage simple des agents. Le mépris absolu du danger est, pour eux, une affaire d'habitude.

L'année que je passai à Pantin fut l'époque la plus heureuse de ma vie. J'avais pour mon métier une passion de chasseur et j'ignorais encore les rivalités, les calomnies qui sont le mal nécessaire de toutes les grandes administrations.

Ma vocation s'affirmait, car je crois qu'il est impossible de bien faire un métier qui ne vous intéresse pas. Je compris alors l'importance des premières constatations, et la nécessité de chercher avant tout à obtenir les aveux de l'accusé, en accumulant les preuves de sa culpabilité dès le premier jour de son arrestation, alors qu'il n'a point eu le temps de réfléchir et d'imaginer tout un système de défense.

La première fois qu'il me fut possible de procéder avec toute la rapidité nécessaire pour obtenir un résultat aussi complet, fut une très simple affaire de vol avec effraction.

Un fabricant de caoutchouc, M. Monteil, qui demeurait rue des Crochets, aux Prés-Saint-Gervais, en rentrant chez lui, avait trouvé sa fenêtre brisée et tous ses meubles fracturés. L'argent, les bijoux et un revolver avaient été volés. Il m'apparut très nettement, dès le premier examen, que le coupable ne pouvait être qu'un individu au courant des habitudes du volé.

Comme il avait plu beaucoup, le voleur en s'enfuyant avait laissé dans le jardin des empreintes profondes de ses pas ; je les fis mesurer, et j'en gardai quelques-unes. Une rapide enquête me convainquit qu'un seul des ouvriers de M. Monteil pouvait être soupçonné. C'était un nommé K..., qui avait déjà commis quelques indélicatesses. Je le fis observer pendant plusieurs jours, mais, à mon grand étonnement, on ne le vit se livrer à aucune dépense. Cependant, ma conviction était si grande, que je résolus de le faire venir à mon commissariat et de l'interroger. K... commença par nier comme un beau diable. Cependant il pâlit un peu quand je lui montrai son casier judiciaire qui portait quatre condamnations. Néanmoins, il reprit assez vite son sang-froid et me dit :

— Je vous demande, monsieur le commissaire, de faire chez moi une perquisition; vous serez convaincu que je n'ai rien volé.

— Je né serai nullement convaincu, répondis-je, car il est tout naturel que vous ayez caché ailleurs le produit de votre vol.

Alors je lui demandai de retirer ses souliers. Ils correspondaient à merveille à l'empreinte relevée dans le jardin.

— Vous voyez, mon ami, lui dis-je avec douceur, vous avez contre vous le plus terrible des témoignages. Votre intérêt est d'avouer, si vous voulez obtenir l'indulgence des juges qui vous condamneront.

K... éclata en sanglots et me raconta comment il avait su que son patron était allé voir à Paris un parent malade, et comment il s'était introduit dans la maison...

— Mais, lui dis-je, où avez-vous caché ce que vous avez volé ?

— Venez avec moi, répondit-il, et je vous montrerai ma cachette.

Nous partîmes avec deux agents et K... me conduisit au fort de Romainville. Nous trouvâmes, enfouis dans le talus des fortifications, tous les objets qu'il avait volés.

Il ne faudrait pas croire, malgré toutes les histoires de brigands que je viens de raconter, que la population de Pantin fût composée en majorité de gens de sac et de corde. Tout au contraire, même parmi les pauvres diables habitant la zone des fortifications et couchant dans des masures infectes, le nombre des voleurs était relativement infime. J'avais déjà fait cette constatation à mes débuts, alors que j'étais secrétaire de M. Dodieau au quartier des Halles : l'humanité est bien meilleure que ne le disent les philosophes et les romanciers.

Quand on suit les fortifs, comme disent les naturels, de Clichy à Pantin, en passant par

Saint-Ouen, et qu'on voit toute cette population bariolée, étalant ses guenilles au milieu de cabanes chancelantes et de maisons lézardées, on éprouve une impression sinistre, et l'on se demande si derrière toute cette marmaille qui grouille sur la route, implorant un petit sou, on ne verra pas poindre bientôt quelques bandits, prêts à dévaliser le passant.

Non, les escarpes, les souteneurs, sont le petit nombre, et, parmi tous ces malheureux, j'ai connu des gens qui avaient une probité plus scrupuleuse que bien des Messieurs qu'on salue sur le boulevard. J'avoue que mon plus grand étonnement fut de voir, tout au contraire, la curiosité pas du tout malveillante avec laquelle tous ces meurt-de-faim regardaient passer les équipages et les femmes élégantes revenant des courses de Saint-Ouen. J'ai trouvé dans des cabanes à lapins, vivant cependant dans une épouvantable promiscuité avec leur père, de jolies filles dont l'honnêteté instinctive était vraiment touchante.

Et chose curieuse, c'est peut-être parmi les pauvres diables, même parmi ceux qui tombent sous la main de la justice, que le sentiment de la famille est le plus développé. J'ai vu des filles publiques envoyer chaque semaine un mandat à leurs vieux parents ; j'ai vu des voleurs avouer tout de suite, de peur que leurs parents ne fussent impliqués dans l'affaire.

Alors que j'étais chef de la Sûreté, et que j'avais arrêté toute la fameuse bande Panis, j'allai faire une perquisition chez la mère d'un des inculpés, que je trouvai avec son second fils. Comme cette vieille femme répondait évasivement à toutes mes questions, je me vis forcer de la menacer de l'arrêter comme complice pour recel. Alors, son fils, qui jusque-là n'avait rien dit, se dressa furieux, s'écriant :

— Ne touche pas à ma mère, ou je te brûle la g... avec mon rigolo.

Et il brandissait son revolver.

J'arrêtai cet homme comme il était nécessaire, puisqu'il m'avait menacé devant mes agents, et qu'il est impossible à un chef de la Sûreté de laisser diminuer le prestige qu'il doit avoir sur ses hommes ; mais je le regrettai, car véritablement j'étais touché de ce dévouement filial, tout sauvage qu'il fût.

Et quand on réfléchit à la façon dont sont élevés ces pauvres êtres qui grandissent dans les huttes de chiffonniers, la plupart du temps plus mal élevés que les chiens, on est pris pour eux d'une miséricorde infinie. Je considère qu'une longue pratique de la police ne peut apprendre que la pitié.

Tant de malheureux sont victimes des hasards, de l'éducation, de la faim, que je ne comprends pas qu'un magistrat puisse avoir une seconde de colère pour l'homme qu'il vient de faire prendre, pour le vaincu dans la lutte de la société contre le crime, qu'on lui amène les menottes aux mains...

Et si, parfois, on n'est pas maître d'un mouvement de mépris, ce n'est pas certainement contre les sauvages qui, le revolver ou la trique au poing, attaquent les passants sur la grande route. Ce serait plutôt contre les ingénieux pirates du boulevard, qui inventent parfois des pièges d'une habileté si grande que les hommes de police ont le plus grand mal à les deviner.

A Pantin, je fis mon apprentissage sur ce point, et j'eus à découvrir la plus compliquée

et la plus louche des escroqueries. La bande
noire, tout à coup, vint opérer sur ma circonscription, et, puisque l'occasion m'est donnée
d'en parler, je vais m'expliquer d'une façon
assez complète sur la « bande noire » pour
n'avoir plus à y revenir dans le cours de ce
récit.

On appelle bande noire, à Paris, une sorte
de franc-maçonnerie entre différentes catégories d'escrocs exploitant les commerçants
de province. Presque tous sont des acheteurs
et des vendeurs de produits alimentaires,
parce que, d'abord, ces produits-là sont toujours d'un écoulement facile, ensuite parce
que tout ce qui ne peut se vendre à vil prix
sert de nourriture aux affiliés qui, comme le
dit lors du procès l'avocat général, « ne vivent
que de conserves, d'huîtres, de truffes, ayant
le champagne comme boisson ordinaire ».

Les moyens employés sont simples. L'escroquerie, sans doute, est vaste comme le
monde, mais on peut dire qu'il y a une sorte
de grammaire et qu'il faut que l'homme de
police la connaisse bien pour, sur un simple
indice, retrouver tout le fil des laborieuses

opérations dont sont victimes les commerçants trop crédules.

Je vais rapidement préciser les procédés de la bande noire. Le plus simple consiste, pour le premier venu, à installer, dans un endroit quelconque, une boutique, puis à se faire fabriquer des en-têtes de lettres magnifiques : « Société générale d'alimentation. Docks de l'alimentation, etc. »

Si l'escroc est très habile, il complète son escroquerie par celle du cautionnement. Avec une annonce mirobolante, offrant 4 à 500 francs d'appointements à tous les malheureux en quête de places, il trouve un ou deux naïfs qui lui versent 5 à 6,000 francs de cautionnement. Il les emploie simplement à relever dans le *Bottin* les noms des grands industriels en conserves alimentaires, des marchands de beurre et des propriétaires de vignobles, auxquels il envoie des lettres très bien faites, demandant à quelles conditions ils peuvent fournir et offrant un très grand nombre de références.

Bien entendu, ces références sont toujours celles d'autres affiliés, dont quelques-uns,

homonymes de commerçants honorablement
connus sur la place, doivent rassurer complètement l'expéditeur.

Les marchandises arrivent, payables à
90 jours. L'affilié à la bande noire les vend
très vite, même à vil prix, et quand il a réalisé
ainsi un petit sac, la veille de l'échéance, il
prend la poudre d'escampette, laissant la clef
sous la porte.

Il est encore d'autres trucs. En offrant toujours des références, certains proposent aux
propriétaires de vignobles de les représenter
à Paris. Ils font alors envoyer en gare à Paris
des pièces de vin aux noms de personnes
honorablement connues qui ne s'en doutent
même pas, ou aux noms de complices qui se
sont assuré de l'amitié de certains concierges,
lesquels, bien entendu, donnent les meilleurs
renseignements sur leurs locataires, ou parfois même leurs prétendus locataires, car très
souvent les escrocs viennent simplement
chercher leurs lettres dans la maison. Inutile
de dire, n'est-ce pas? que les propriétaires de
vignobles ne retrouvent ni leurs barriques, ni
leur représentant à Paris, ni les destinataires.

Le rôle de certains concierges dans ce genre d'escroquerie est assez curieux. On verra tout à l'heure que si quelques-uns ont la fâcheuse habitude de donner sur leurs locataires des renseignements faux et mauvais qui nuisent à leur crédit, d'autres, en revanche, donnent facilement des renseignements excellents, mais également faux, qui permettent d'escroquer les négociants de Paris ou de la province.

Voici comment je fus mis sur les traces de la fameuse bande noire de Pantin.

Un jour, je reçus d'un négociant de province une plainte contre un nommé M..., qui avait installé, rue des B..., un magasin d'alimentation. Je fis une rapide enquête et me convainquis que M... était sur le point de lever le pied avec deux Allemands ses complices. Je n'hésitai pas à arrêter le trio, au moment même où ils faisaient leurs malles. Je saisis une liasse de papiers très curieux, et notamment les imprimés que M... avait fait fabriquer et qui étaient merveilleux : « Entrepôt général des halles et marchés de France et de l'étranger. — Fournisseur des Sociétés coopératives et des cantines militaires de la capitale. »

Les négociants de province, sans méfiance devant d'aussi belles assurances, avaient envoyé à M... pour plusieurs centaines de mille francs de marchandises, et l'escroc, enhardi par son succès, avait cru pouvoir tout se permettre. Il avait même un jour mis à la porte un garçon de recettes qui lui présentait un billet. Ce fut cette arrogance qui le perdit. Le banquier s'était hâté de prévenir télégraphiquement son client, et celui-ci, avec une hâte plus grande encore, avait déposé sa plainte.

Les papiers trouvés chez M... me mettaient sur la piste de tous les affiliés de la bande. M. Frémont, juge d'instruction, chargé de l'affaire, me donna carte blanche, et, en quelques semaines, plus de soixante-dix des principaux affiliés de la bande noire furent sous les verrous. Ce fut ma première grosse affaire, et je m'y appliquai avec une ardeur toute juvénile.

Sans abandonner mes rondes nocturnes, qui assuraient la sécurité de ma circonscription, je consacrai toutes mes journées à la recherche de la bande noire. Il faudrait un volume, je crois, pour raconter les multiples incidents de cette chasse aux voleurs, mais il en est deux suffisamment typiques, qui doivent avoir une place dans ce récit.

D'abord, la question des concierges.

Un des affiliés de la bande noire demeurait à Montmartre, rue des Cloïs. Je me présente seul chez le concierge et lui demande si c'est bien chez lui que demeure M. B...

— Oui, monsieur, répondit-il avec arrogance, assurant sa calotte sur sa tête.

— Est-il solvable ? Peut-on lui livrer de la marchandise à crédit ?

— Si l'on peut, monsieur ! Mais c'est le meilleur locataire de la maison, et bon, et charitable !

— Faites attention à vos paroles, répliquai-je froidement en montrant mon écharpe. N'oubliez pas que vous parlez à un commissaire de police.

— Ah ! mon Dieu ! fit le pipelet, retirant, cette fois, sa calotte et s'écroulant dans un fauteuil, livide, claquant des dents; il fallait vous faire connaître en entrant, monsieur le commissaire ! La vérité, c'est que B... est le plus grand coquin du monde et qu'un pareil homme déshonore la maison !

Alors, j'avisai, sur la cheminée, deux boîtes de conserves de homard.

— N'est-ce pas lui qui vous a donné cela ? demandai-je.

— Hélas ! oui, avoua le concierge.

— C'est ainsi qu'il achetait votre complaisance ?

— Oh ! monsieur le commissaire, fit le concierge avec un grand geste d'indignation. Emportez ces conserves ; maintenant, elles me font horreur !

Je lui laissai son homard et me contentai d'arrêter son locataire.

Dans cette longue chasse, les épisodes tragicomiques abondent. Comme toujours, le hasard et cette intuition indispensable aux hommes de police me servirent plus que de très savantes déductions. Je recherchais, sans le trouver, dans tous les hôtels meublés de la capitale, un des plus adroits filous de la bande qui, depuis des années, avait trouvé le moyen d'escroquer un nombre infini de négociants sous des noms différents, mais tous commençant par les mêmes initiales que son nom véritable, afin que la marque de son linge ne donnât des soupçons à personne.

J'avais de lui un signalement fourni par le juge d'instruction, mais j'ai déjà dit ce que valent les signalements. Seulement, je me souvenais de l'avoir aperçu quelques secondes, un jour qu'il avait été appelé chez M. Clément pour répondre à une plainte faite, contre lui, par un malheureux auquel il avait acheté un hôtel meublé à Passy, sans le payer, bien entendu.

Un après-midi, je revenais de faire une perquisition avec mon secrétaire, et nous étions montés sur la plate-forme du tramway qui suit l'avenue de Choisy, quand un homme s'élance et se place à côté de nous. Il est probable que je n'aurais fait aucune attention à ce nouveau voyageur, s'il n'avait engagé une véritable bataille avec son chien, une espèce de ratier blanc, qui avait, autour de l'œil droit, un cercle de poils noirs du plus bizarre effet. L'homme jurait et donnait des coups de

pied à l'animal pour l'empêcher de monter
sur la plate-forme; le chien aboyait... Je regardai machinalement, et il me sembla que
j'avais déjà vu cet œil-là... Oui, c'était bien
cela... à la porte du Palais de Justice, où il
attendait son maître, en poussant de petits cris
plaintifs. Je regardai l'homme plus attentive
ment; je fis un effort de mémoire et je reconnus le gaillard que nous recherchions vainement depuis si longtemps. Aussitôt j'appelai un gardien de la paix et le fis arrêter, bien
qu'il niât son identité avec un toupet extraordinaire. Ce ne fut qu'au poste qu'il consentit
à avouer, se répandant en plaintes violentes
contre son chien qui l'avait fait découvrir et
dont on entendait les hurlements à la porte
du poste.

— Sale animal! s'écria-t-il dans une bou-
tade qui me fit rire malgré moi. Et l'on dit
que le chien est l'ami de l'homme!

Un autre affilié fut arrêté dans des conditions tout à fait fantastiques. Je recherchais
vainement un des chefs de la bande, un individu nommé Alfred, qui le soir même de l'arrestation de M... s'était enfui de Pantin, et,

bien entendu, s'était abstenu, depuis, de nous donner de ses nouvelles. J'appris un soir qu'une voiture de saltimbanque, une roulotte, attelée d'un cheval, avait été volée du côté d'Asnières par trois individus dont l'un ressemblait à mon gaillard. On avait suivi les traces de la voiture jusqu'au pont donnant sur l'île Saint-Denis; là, on les avait perdues. J'étais en habit noir, prêt à aller au théâtre, quand on m'avertit de la découverte. Sans prendre le temps même d'enlever ma cravate blanche, je me mis en campagne avec mon secrétaire; nous cherchâmes toute la nuit, et, au petit jour, j'aperçus, caché dans un fourré, une sorte de campement bohémien. A côté d'un feu qui s'éteignait, un cheval, attaché à un tronc, broutait les pousses des arbres, et dans une roulotte très bien installée, nous vîmes trois individus qui dormaient du sommeil du juste, bien qu'ils eussent une conscience évidemment très chargée. Ils eurent à leur réveil la désagréable surprise d'apercevoir mon écharpe, et tel est, je dois le dire, le prestige, l'intimidation que la police exerce sur les bandits, qu'ils ne songèrent même pas

à résister ; ils attelèrent docilement le cheval,
et je les ramenai à Pantin dans la roulotte
transformée, pour la circonstance, en voiture
cellulaire. J'eus, je dois le dire, un certain
succès quand la roulotte s'arrêta devant mon
commissariat et que je fis descendre mes trois
prisonniers.

Le récit de mon séjour à Pantin ne serait
pas complet si j'oubliais une tragi-comédie où
je jouai, comme il était nécessaire, le rôle
classique du commissaire. Un de mes administrés, qui avait une situation fort aisée et
que j'avais fini par connaître un peu, le rencontrant chaque jour, vint m'inviter à la noce
de sa fille, qui épousait un industriel du pays.
J'allai donc à ce mariage, car il est des invi-
tations qu'on ne peut refuser, et fus frappé de
l'attitude tout à fait étrange de la mariée, une
blonde, mignonne et assez jolie, mais dont
les yeux bleu-clair avaient des reflets d'acier.
A la sacristie, elle regardait toujours vers la
porte avec cette allure apeurée d'une biche
enfermée qui cherche l'issue par laquelle il
sera possible de fuir. Bien entendu, je fus le
seul à faire cette observation ; le mari semblait

fou de joie; tout le monde était d'une gaieté bruyante, et je quittai le bal au moment où la mariée tourbillonnait, entraînée dans une valse. De chez moi, on entendait la musique, et je m'endormis bercé par les violons.

Je fus réveillé au petit jour par une visite inattendue. Je vis devant mon lit le marié encore en habit noir et cravate blanche, pâle, défait, accompagné de son beau-père qui pleurait et d'un fonctionnaire que je ne nommerai pas, petit-cousin de la mariée. Je remarquai son attitude embarrassée, et j'avoue que j'eus beaucoup de mal à réprimer une forte envie de rire pendant que le mari me fit le récit de son infortune.

— Oui, monsieur, me dit-il avec désespoir. Vers quatre heures du matin, nous rentrons. Elle ne disait rien, mais elle souriait. Je la croyais contente. « Mon ami, me dit-elle doucement, voulez-vous me laisser seule un instant avec Adèle, ma bonne? Elle va m'aider à me déshabiller. » N'est-ce pas, monsieur le commissaire, il y a des choses qu'on ne refuse pas à sa femme le jour de ses noces! Me voilà donc faisant le pied de grue devant la porte de la chambre nuptiale ; et, pour tromper mon impatience, je me mis à fumer des cigarettes. J'en avais fumé quatre, quand je commençai à trouver vraiment que ma femme était bien longue à se déshabiller. Je frappai doucement ; pas de réponse. Je frappai plus fort, même silence. Alors je voulus ouvrir ; le verrou était mis. Un sinistre pressentiment me vint ; d'un coup d'épaule je fis sauter la porte. La chambre était vide ; il ne restait que la couronne de fleurs d'oranger jetée mélancoliquement sur le lit et qu'elle n'avait pas voulu emporter sans doute !

Oui, monsieur le commissaire, la misérable s'était enfuie avec la bonne, sa complice. Elles avaient sauté par la fenêtre, dans le jardin. Ai-je assez de malheurs, hein ?

Et le pauvre homme sanglotait comme un enfant dans les bras de son beau-père. La scène était touchante et j'aurais été mal venu de rappeler en forme de consolation le couplet connu de la *Jolie Parfumeuse*: « Une femme légitime se retrouve, se retrouve toujours. » Quant au petit-cousin, que je suivais du coin de l'œil, je surpris sur ses lèvres l'esquisse

d'un sourire railleur. Mes soupçons grandis-
saient, et quand le mari eut déposé entre mes
mains une plainte en bonne et due forme, je me
contentai de donner l'ordre à un de mes agents
de suivre, sans le perdre de vue, le cousin de
la mariée. Le soir même, mon agent venait
m'annoncer que le gaillard était en train de
dîner joyeusement dans un hôtel des environs
de la gare du Nord en compagnie d'une jeune
femme qu'il y avait amenée la nuit dernière.

Je me rendis dans cet hôtel, et je me convainquis très vite que cette nuit nuptiale, tant
regrettée du pauvre mari, n'avait point été
perdue pour tout le monde. Je ne puis raconter
tous les détails de ce drame de famille, dont
l'épilogue fut, grâce à moi, un divorce et un
second mariage, lequel, cette fois, avait été
réalisé avant même d'être conclu.

Mais ce qui me frappa et m'amusa beaucoup,
ce fut la psychologie particulière de la jeune
femme. J'avais la curiosité de savoir pourquoi
elle avait tenu à passer par l'église et la mairie
avant de se laisser enlever par son cousin.

« Je n'aurais jamais osé dire non devant tout
le monde, » déclara-t-elle (ce qui ouvre de

singuliers horizons sur la valeur du oui sacra-
mental) Quant au petit-cousin qui, pour
détourner les soupçons, n'avait pas craint
d'accompagner chez moi l'époux abandonné,
il reçut, vous pensez bien, une forte semonce;
mais il s'en est consolé en étant le mari très
heureux de sa cousine et la chance lui a toujours souri. Il occupe, aujourd'hui, une situation importante. Ce qui prouve que la vertu
est toujours récompensée !

A la fin de l'année 1886, le préfet de police
eut l'idée d'adjoindre un sous-chef à M. Taylor,
qui dirigeait le service de la Sûreté. Il paraît
que deux commissaires de banlieue s'étaient
fait surtout remarquer de M. Gragnon : Cochefert, commissaire à Boulogne, et moi. On nous
demanda à tous deux un rapport détaillé sur les
différentes affaires que nous avions eu à instruire. M. Gragnon fut très embarrassé : il
paraît que nos deux rapports étaient aussi
intéressants l'un que l'autre. Je ne sais s'il
nous tira à la courte-paille. Toujours est-il que
je gagnai la première manche, puisque je fus
nommé. Mais c'est Cochefert qui a gagné la
seconde, et il m'a succédé.

CHAPITRE IV

MES DÉBUTS A LA SURETÉ — LA GUILLOTINE

M. Taylor, qui était un excellent homme malgré son abord un peu froid, était enchanté d'avoir un aide actif et jeune; il me reçut avec beaucoup d'amitié, le 6 octobre 1886, quand je me présentai à la Sûreté pour prendre possession de mon poste.

— Mon cher Goron, me dit-il, vous tombez à pic, et vous allez avoir des émotions pour vos débuts. Cette nuit on exécute Frey et Rivière, et c'est vous qui allez avoir la corvée de réveiller Rivière pendant que je réveillerai Frey.

Un petit frisson courut par mes veines.

Certes, j'avais vu garrotter des malheureux dans la République Argentine, et, en rade de Buenos-Ayres, j'avais aperçu pendus, à la grande vergue, des matelots américains qui s'étaient révoltés. Pendant la guerre, j'avais vu fusiller, près de Montbéliard, de pauvres diables de turcos, coupables d'avoir chapardé quelques poules, et le souvenir de cette exécution m'était resté comme le plus affreux de cette affreuse guerre. Comme lieutenant de réserve à Rennes, j'avais commandé le piquet de soldats entourant la guillotine... mais je n'avais aperçu que le mouvement de la bascule et l'éclair du couteau.

Cette fois, j'allais jouer moi-même un rôle dans ce sinistre drame, j'allais réveiller un de ceux qui devaient mourir. J'allais pouvoir suivre pas à pas la psychologie du châtiment suprême. C'était une émotion nouvelle que j'allais ressentir, une émotion dont l'attente n'était pas exempte d'anxiété, car, dans la passion que j'avais pour mon métier, je me figurais alors que la peine de mort était le plus terrible mais le plus juste des droits de la société.

Cependant, je ne pus m'empêcher, avec la nature particulière de mon esprit, de faire cette réflexion qu'un hasard singulier mettait, comme on dit vulgairement, la charrue avant les bœufs, et que j'allais faire couper le cou à deux assassins avant d'en avoir arrêté un seul.

M. Taylor m'emmena chez le procureur général, qui nous donna les dernières instructions et nous remit les plis à faire parvenir aux intéressés, à l'aumônier, au colonel de la garde républicaine, au colonel de la gendarmerie de la Seine, au commissaire de police du quartier de la Roquette, au commissaire de Gentilly, qui a le Champ des Navets dans sa circonscription, etc., etc.

Tout en écoutant avec la plus grande attention les recommandations de M. le procureur général, je remarquai tout à coup, affalé sur une chaise, un homme enveloppé d'une redingote trop large, dont les grosses mains tenaient maladroitement un énorme parapluie. Il avait l'air si humble, si triste, que je me demandais si c'était lui qui devait être exécuté. A chaque instant, il interrompait le procureur

14.

général, mais d'une voix basse, confuse, et je ne distinguais que ces mots répétés avec obstination : « L'instrument!... Il faut protéger l'instrument!... Les barrières pour isoler l'instrument! »

D'un geste interrogateur, je le montrai à M. Taylor.

— Le bourreau, me répondit-il à l'oreille.

Quoi? ce pauvre homme piteux était l'exécuteur des hautes-œuvres de la justice? Que c'était loin de l'homme rouge, solennelle personnification de la vindicte publique, faisant étinceler au-dessus de la foule terrifiée le glaive de la loi, teint du sang des coupables! Je crois l'avoir déjà dit, il est malheureux d'avoir une imagination trop vive, qui donne à l'avance une solennité grandiose à tous les actes par lesquels la société se défend, et qui poétise en quelque sorte les principes sur lesquels est basée cette défense. Les désillusions se succèdent vite dans la carrière administrative...

A peine sorti du parquet, je fus mis au courant par M. Taylor de la grande préoccupation de l'administration, la veille du jour où la guillotine se dresse place de la Roquette.

— Avant tout, me dit mon chef, il faut empêcher une indiscrétion pour que le *Soir* ne publie pas la nouvelle de l'exécution.

Hé! oui, la grande préoccupation est celle-là. Et je l'ai eue moi-même les vingt ou vingt-cinq fois que j'ai conduit des malheureux au bourreau. Et, s'il peut y avoir un côté amusant, dans ces sinistres choses, ce sont bien les ruses qu'il faut employer pour éviter la sagacité des reporters qui, sur un mot ou une attitude, savent deviner ce qu'on ne veut point leur dire.

Cet envers des choses en apparence les plus solennelles est peut-être ce qui frappe le plus l'imagination des hommes ayant un penchant à chercher la philosophie de la vie, et toutes les impressions que j'éprouvai dans cette première journée de mon entrée à la Sûreté sont encore vibrantes dans mon esprit comme si elles étaient d'hier.

Pour la première fois, je fis cette veillée de la mort dans la banalité d'un souper où des camarades m'avaient invité, et dans lequel des esprits forts trouvèrent plaisant de raconter

des histoires macabres ; mais comme il fallait
tuer le temps jusqu'au souper, nous allâmes
au théâtre.

Combien de fois, depuis, ai-je point par
point suivi ce programme, toujours le même !

Certain soir, j'allai au Vaudeville, voir la
Famille Pont-Biquet avec le juge d'instruction qui devait m'accompagner dans la cellule
du condamné. Et je ris beaucoup quand le
magistrat me raconta que c'était une aventure de sa vie qui avait servi à l'auteur du
scénario.

— Oui, me dit-il, il m'advint d'interrompre
une instruction parce que j'étais invité à une
chasse...

Et je riais avec l'insouciance professionnelle à laquelle on n'échappe point à un moment déterminé, de cette comédie de la justice, — préface de la tragédie rouge dont
nous allions ordonner la représentation.

Toutes les impressions sont si vives, la première fois qu'on les ressent, que je crois avoir
gardé encore bien nettes celles de cette première veillée de la guillotine.

J'éprouvai, je m'en souviens encore, une

impression singulière, dans ce restaurant du boulevard où nous nous trouvions, quand, le souper fini, les coudes sur la table, en fumant son cigare, chacun y alla de son petit récit macabre. Histoires de crimes à faire dresser les cheveux sur la tête, anecdotes de guillotine, tout y passa ; on me raconta même que, sous l'Empire, le directeur de la Roquette avait l'habitude de donner à souper les nuits d'échafaud, mais que pour Troppmann il y avait eu un scandale tel, qu'on avait dû renoncer à cette coutume. Et puis, on en vint à parler des deux assassins qu'on allait guillotiner. Deux escarpes, deux souteneurs du boulevard de Charonne, ce Rivière et ce Frey, qui avaient simplement étranglé la maîtresse d'un hôtel garni, la veuve Déshayes, pour la voler ; l'assassinat le plus simple, le plus classique, le plus banal. Il semblait pourtant que l'instigateur du crime était Frey, qui avait habité l'hôtel et connaissait les habitudes de la maison. En outre, Rivière s'était contenté de tenir les jambes de la victime pendant que Frey l'étranglait. Néanmoins, tous deux, avaient été frappés de

la même peine. Frey, qui portait dans le joli
monde où il vivait le surnom de « Pas-de-
Chance » et qui se l'était fait tatouer sur le
front, semblait en effet le mériter. Car le seul
côté curieux de ce crime était la façon mélo-
dramatique dont il avait été découvert. Un
matin, trois petits musiciens italiens auxquels
la veuve Deshayes donnait souvent des sous,
passant devant la porte et la voyant entr'ouverte, ont l'idée d'entrer dans la cour et de
donner une sérénade à la brave femme. Les
voilà qui râclent la harpe et les violons ; mais
personne ne bouge.

— Madame Deshayes serait-elle malade ?
dit le plus âgé de la troupe, un gamin de
seize ans, nommé Baldoni ; je vais voir.

Et il monte au bureau de l'hôtel, qui servait en même temps de chambre à la patronne.
La porte résiste, et Baldoni entend qu'on
pousse le verrou. Alors il se penche, regarde
par le trou de la serrure et aperçoit, gisant à
terre, le cadavre de madame Deshayes, tandis que sur une glace se profile l'ombre d'un
homme fouillant les tiroirs. Ce gamin avait
un sang-froid extraordinaire. La porte du bu--

reau ouvrait en dedans. Il l'attache solidement à la rampe de l'escalier avec une grosse corde trouvée là par hasard, et descend quatre à quatre.

— Continuez à jouer, dit-il à ses camarades. Moi, je vais chercher la police.

Quelques minutes après, il revenait avec deux gardiens de la paix, lesquels cueillirent Frey et Rivière au moment même où ils retournaient les poches de leur victime.

C'était le pendant de l'affaire Fualdès, avec cette différence que, cette fois, la musique avait servi à arrêter les assassins.

Il y avait un côté assez curieux dans le cas de Rivière : jamais il ne voulut lui-même commettre d'assassinat. Il était de cette catégorie de gredins qui supputent à l'avance les conséquences d'un crime et ne veulent aller que jusqu'à un point déterminé.

Dans ce coup malheureux, comme il disait à la cour d'assises, où Frey l'avait entraîné, il avait stipulé, à l'avance, qu'il ne tuerait pas, qu'il se contenterait de tenir la victime. Mais ce calcul dans le crime avait irrité les jurés qui, avec raison d'ailleurs, l'avaient trouvé aussi coupable que son complice... Puis la conversation retomba sur la clémence capricieuse de M. Grévy, et sur l'inhumanité qu'il y avait eu à laisser pendant trois mois ces deux malheureux dans l'attente de la mort...

Vers trois heures, je retrouvai M. Taylor à la porte de la Sûreté, et nous montâmes dans le classique landau de la Compagnie générale, le landau des noces ou des duels, qui de temps immémorial conduit le chef de la Sûreté aux exécutions. Pourquoi le chef de la Sûreté, qui le reste du temps n'a que le droit de prendre des fiacres, possède-t-il un landau pour cette funèbre cérémonie? J'ai cherché vainement à le savoir, et vingt fois j'ai eu le même landau, et le même cocher. En arrivant rue de la Roquette, nous aperçûmes quelques groupes de curieux maintenus par les agents ; la voiture franchit les barrières et nous débouchons sur la place, mal éclairée par la lueur tremblante des becs de gaz. Çà et là, quelques groupes de journalistes, et, au milieu, des hommes en blouse, tenant en main des lanternes, dressent l'instrument, comme dit M. Deibler.

Tout en vérifiant ses boulons, le bourreau répondit à mes questions; il savait qui j'étais et avait appris par les journaux, qui publiaient alors des biographies de moi, que j'étais de Rennes.

— J'ai longtemps habité Rennes, me dit-il. Sous l'Empire, j'étais fonctionnaire, là-bas !

— Quoi ! lui répondis-je, c'était vous qui étiez bourreau en Bretagne, avant qu'on supprimât les bourreaux provinciaux ?

— Oui, monsieur, me dit-il.

Tout un monde de souvenirs me revenait. Le bourreau de Rennes habitait, rue du Pré-Perché, une petite maison isolée, et chaque jour nous devions passer devant pour aller et revenir du collège ; mais on préférait faire un long détour, surtout quand la nuit tombait, et la sinistre maison semblait à nos imaginations enfantines pleine de revenants tenant leur tête à la main.

Nous ne connaissions pas le bourreau, mais il y avait, sur un livre qu'on m'avait donné en prix, une gravure coloriée représentant l'exécution du comte de Saint-Paul, sous Lous XI, et dans laquelle un homme rouge superbe brandissait un énorme glaive. C'était ainsi que je me figurais le bourreau, et c'était ce pauvre M. Deibler...

La machine, l'instrument, manque aussi de majesté. On dirait quelque mouton à frapper les monnaies. Je remarquai qu'autour de nous, on riait, on parlait de mille choses, de la première de la veille et de celle du lendemain ; j'avais le cœur serré par la banalité de la mort.

Et jusqu'à la dernière exécution à laquelle j'assistai, j'éprouvai toujours la même impression. Et jamais je n'ai franchi le seuil de la Roquette sans retrouver presque aussi vive l'émotion que j'éprouvai le premier jour.

Nous fûmes reçus par M. Beauquesne, un homme raide, grincheux, dont la politesse rappelait vaguement le bouledogue, un fonctionnaire qui fut tout sa vie l'ennemi-né des chefs de la Sûreté, et qui, toujours, paraissait furieux quand on venait lui enlever un de ses pensionnaires. On aurait dit qu'il voulait le guillotiner tout seul. Mais j'aurai l'occasion de parler plus longuement de lui...

M. Taylor me présenta à M. Wendling, juge d'instruction, et à mon collègue Baron, le commissaire de police du quartier de la Roquette, un homme excellent avec lequel j'ai toujours eu les relations les plus cordiales, et qui fut une victime des rancunes politiques ; on lui fit prendre sa retraite parce qu'on avait trouvé une de ses cartes chez le général Boulanger. J'aperçus également son secrétaire, Oscar Méténier, qui venait recueillir des documents pour les romans qu'il rêvait déjà. Mais, au petit jour, M. Beauquesne nous avertit que l'heure était venue et nous nous dirigeâmes vers la cellule de Rivière. Rivière, qui n'avait point dormi de la nuit, était debout.

— Rivière, lui dit M. Beauquesne, votre pourvoi en grâce est rejeté. Voici l'heure venue d'expier votre crime.

Pâle, avec sa figure rasée, un instant interdit, il s'affaissa sur son lit, puis je l'entendis dire de sa voix traînarde de voyou parisien :

— Je m'en doutais que c'était pour ce matin. Tout ce bruit ! Non, c'est pas Dieu possible ! Mais je n'ai pas tué, moi ! Je n'ai pas tué !

M. Taylor, M. Beauquesne et le juge allèrent réveiller Frey. Je restai auprès de Rivière avec l'abbé Colon, vicaire de Saint-Sulpice, qui avait la mission de l'assister. Dès que le prêtre voulut lui parler, sa voix devint plus rude :

— Laissez-moi, monsieur l'aumônier, dit-il ; comment voulez-vous que je croie à quelque chose après ce qui m'arrive ? Je n'ai pas tué, nom de Dieu ! je n'ai pas tué !

La colère lui faisait monter le rouge aux joues, et sa pâleur disparut un instant. Cependant, les gardiens, doucement, le faisaient s'habiller. Pendant qu'on lui passait son pantalon, il reprit :

— Il n'est pas logique tout de même dans ce qu'il est, le père Grévy. Il a gracié Mielle, qui avait coupé un homme en morceaux, et moi qui n'ai fait que tenir les pieds de la femme, je suis guillotiné. Non, non, c'est pas juste...

On se mit en marche vers le greffe. Rivière marchait d'un pas ferme, la colère lui avait rendu toute sa force.

— Ne me tenez pas, dit-il aux gardiens ; je serai gentil !

On le plaça sur l'escabeau et M. Deibler commença la toilette. Mais le bruit qu'il entendit dans la pièce voisine, quand on amena Frey, lui fit retourner la tête. Jusque-là, il croyait être le seul exécuté. En reconnaissant son complice, il eut un mouvement de joie.

— C'est pas malheureux, s'écria-t-il, que la *vache* y passe aussi ! Bougre de cochon ! bougre de vache de Pas-de-Chance !

Alors commença, à travers la porte, un dialogue horrible entre les deux hommes.

— Oh là ! là ! disait Frey de sa voix enrouée, en voilà des histoires !

— Oui, ripostait Rivière, c'est toi qui m'as perdu. Je suis pas un assassin, moi, cochon ! Tu es la cause de mon malheur !

— Tais-toi, répliquait Frey. T'es aussi bon que moi pour la veuve !

Et cette scène répugnante dura quelques minutes, le temps que M. Deibler mit à faire la toilette de Frey.

— Pourquoi me laissez-vous là? Je suis prêt pourtant, disait Rivière ; ne me laissez pas languir !

Et puis, il en revenait à son idée fixe :

— Non, la justice des hommes n'est pas juste; il n'est pas logique, dans ce qu'il est, le père Grévy.

La toilette de Frey était finie. L'abbé Faure s'approcha de Frey et j'entendis le condamné lui dire avec impatience : « Laissez-moi donc tranquille, l'abbé; je vais y aller tout seul. »

Le cortège sinistre s'était mis en marche; nous traversâmes la cour, où des myriades d'oiseaux chantaient dans les arbres.

Alors la grande porte de la prison s'ouvrit avec un fracas de ferraille lugubre, et nous aperçûmes, se dressant dans le jour blême, les bras de la guillotine.

Je ne connais pas d'impression plus horrible. Les deux condamnés marchaient d'un pas ferme, Rivière le premier. A quatre pas de l'échafaud, il embrassa l'abbé Colon; mais au moment où les aides s'emparaient de lui pour le coucher sur la bascule, il s'écria d'une voix forte :

« Vous pouvez dire au père Grévy que c'est un assassin ! »

Frey, lui, avait, impassible, assisté à l'exé-

cution de son complice. L'abbé Faure voulait
lui cacher la guillotine avec son crucifix ; il
s'écria, impatienté :

— Laissez-moi donc tranquille, l'abbé ; j'ai
payé pour voir !

Enfin, comme à son tour on le couchait sur
la bascule, il cria très distinctement :

— Au revoir, tous les « hommes ».

« Hommes », en argot, signifie gaillards
capables de faire un coup.

Vite M. Taylor m'entraîna vers le coin de
la rue de la Vacquerie, où nous retrouvâmes
le landau ; nous partîmes au grand trot, escor-
tés par les gendarmes, et nous suivîmes
le fourgon où l'on avait jeté le panier de la
guillotine, le panier qui contenait les deux
cadavres décapités.

L'ennuyeuse et banale promenade ! où les
passants matinaux se demandent en regardant
le fourgon de Deibler quelle est cette voiture
de saltimbanque qu'escortent des gendarmes
et que suit une noce en landaus et en fiacres !
Car, derrière nous, venaient toujours les journalistes.

Si ennuyeuse et si banale, cette promenade

faite par moi vingt ou vingt-cinq fois, qu'il me semblait que les mêmes incidents se reproduisaient toujours aux mêmes places, que c'était toujours boulevard de l'Hôpital qu'un gendarme tombait de cheval, et que toujours, devant la mairie du treizième arrondissement, il y avait des baraques foraine ! A la hâte, jetant un regard furtif sur les têtes grimaçantes qu'on retire du panier, on se presse de livrer les corps des suppliciés aux employés de l'École de médecine, qui en prennent livraison.

Et l'on part, éprouvant en sortant du cimetière le petit frisson qui suit les longues veilles.

Vingt ou vingt-cinq fois au retour, j'ai fait la même halte au buffet de la gare d'Orléans, et le même déjeuner frugal. Il ne me souvient pas d'avoir manqué à ce programme. Et la monotonie de ces promenades, la banalité de tous ces détails y compris ces déjeuners où je retrouvais les mêmes plaisanteries des agents qui m'accompagnaient, augmentaient encore pour moi, s'il est possible, le dégoût de la guillotine.

Le soir de ce début, à la Sûreté, quand je me couchai, harassé de fatigue, je restai longtemps songeur, avant de parvenir à m'endormir.

Ce n'était pas la dernière de mes illusions sociales qui commençait à s'en aller, mais c'était, certes, celle à laquelle un homme qui allait occuper la place de chef de la Sûreté, devait le plus tenir. Je me demandais à quoi pouvait bien servir cette boucherie sans grandeur, cette dernière application de la loi du talion survivant à l'Évangile, et je commençais à douter, après avoir tout vu de si près, que l'exemple pût servir à quelque chose.

J'avoue que pendant les huit années que je suis resté à la Sûreté, peu de problèmes m'ont plus intéressé et ont été étudiés par moi avec plus de soin.

Aussi, aujourd'hui, je crois de mon devoir de dire bien nettement, après la longue expérience que m'ont donnée mes fonctions : Non, l'exemplarité de la peine de mort n'existe pas; non, la crainte du châtiment suprême n'a pas arrêté un seul assassin. En revanche, le cabotinage spécial des escarpes est parfois tenté

par les mots crânes et les attitudes cyniques
de ceux qui savent mourir.

La vérité, c'est que la guillotine ne fait peur
qu'aux condamnés à mort. Pour les autres, ils
s'en moquent. Quand le chourineur lève son
couteau, soyez bien persuadé qu'il n'a pas
devant les yeux une vision de guillotine, ou
même de bagne. Le criminel croit toujours
échapper au châtiment ; il ne s'en préoccupe,
il n'en est terrifié que lorsqu'il le sent tout
près.

La preuve bien certaine que l'exemplarité
de la peine de mort n'existe pas, c'est que j'ai
maintes fois entendu raconter à la Sûreté
qu'un gredin célèbre, Maillot dit « le Jaune »,
était allé commettre un assassinat en quittant
la place de la Roquette, où il avait assisté à
l'exécution d'un ami ; c'est que, dans mon enfance, j'ai entendu répéter une histoire du
commencement de ce siècle, — une cause
célèbre, le procès de Durand, le bourreau de
Laval, assassin d'un de ses voisins, et inau-
gurant pour son compte personnel la nouvelle
guillotine qu'il avait fait construire.

Ce Durand, un jeune homme de vingt-huit

ans qui était exécuteur des hautes-œuvres en 1819, époque où la guillotine ne chômait pas comme aujourd'hui, avait tué un vieux bourgeois de Laval ainsi que sa domestique, pour voler quelques mille francs. Ses complices étaient sa maîtresse et le mari de cette dernière : on aurait sans doute toujours ignoré qu'il avait pris part à ce crime, si un jour qu'il était allé chercher une femme à la prison de Laval pour la conduire à l'échafaud, sa maîtresse et sa complice arrêtée déjà n'avait offert de l'argent pour lui parler en secret d'un gardien de la prison. Les soupçons de cet homme furent éveillés, il écouta la conversation, et alla tout raconter au juge d'instruction.

A l'audience, Durand fut d'un cynisme plus révoltant que les malfaiteurs de profession. Cet ancien auxiliaire de la justice prouva qu'elle lui avait donné de mauvaises leçons.

En revanche, il fut lâche quand il se trouva au pied de la guillotine qu'il connaissait si bien.

Le seul exemple de la guillotine, c'est celui du mépris de la vie humaine, c'est celui du sang versé. Il y a des philosophes qui prétendent que la contagion en est dangereuse. Mais je ne veux pas discuter cette question, non plus que celle de savoir si la société a le droit de se venger, ou simplement de supprimer les criminels comme on supprime les chiens enragés. Tout cela n'est pas de mon ressort. Je ne veux parler que de ce que je connais bien.

Rivière, que j'avais été réveiller pour mes débuts à la Sûreté, est, en quelque sorte, la personnification de la seule catégorie de criminels qui, à l'avance, en complotant leur crime, s'arrangent pour ne pas aller jusqu'à la *butte*. Mais ceux-là, en réalité, sont les gredins les plus dangereux, en même temps que les plus lâches. Ce sont eux qui combinent les coups les plus audacieux, avec la plus grande prudence ; s'ils ne tuent pas eux-mêmes, ils aident à tuer. Ils tiennent les jambes de la victime, comme Rivière. Ils sont donc, s'il est possible, plus coupables que les autres, car ils n'ont pas l'excuse de l'entraînement ; ce sont les Bismarck du crime, si une image semblable est possible.

Et, pourtant, quand ils se voient jetés sous le couperet par un hasard quelconque, ils ont raison de dire, comme Rivière : « Il n'est pas logique dans ce qu'il est, le père Grévy. » C'était un caprice de l'opinion, une mauvaise humeur du Président, un article à sensation d'un journaliste qui envoyait Rivière à la guillotine.

Un soir que, dans un théâtre, j'entendis un drame de la période révolutionnaire, où l'on voyait les crieurs de journaux d'alors passer en hurlant : « La liste des gagnants de la loterie de Sainte Guillotine », — les paroles du premier condamné que j'avais mené au bourreau me revinrent à la mémoire.

Eh ! oui, dans ce siècle, où tout est hasard, chance et malechance, la guillotine est une loterie comme le reste. Jamais je n'ai vu une logique sévère présider au choix des victimes du couperet. Certes, les magistrats et les membres de la commission des grâces font bien leur devoir et tout leur devoir... mais ils sont des hommes comme les autres, et l'on intrigue parfois, autour d'une exécu-tion, presque autant qu'autour d'une élection à la présidence de la République.

Je raconterai plus tard comment je parvins à sauver l'assassin Cornu, parce qu'il avait une vieille mère qui m'intéressait... Je ne parlerai pas de Moreau, l'herboriste de Saint-Denis, qui fut exécuté pour prouver l'infaillibilité des experts en chimie... bien des gens, aujourd'hui, prétendent qu'il est mort innocent.

Une loterie ! tel est toujours, comme en 1793, le seul caractère indiscutable de la peine de mort. Et j'insiste, car je crois de mon devoir de le faire. Si, pour toutes les grandes questions de morale et de police, je n'avais pas cette franchise, ces mémoires n'auraient pas de raison d'être.

Ce qui m'étonne et m'attriste le plus, car au fond, c'est la preuve la plus certaine de la baisse des idées généreuses, c'est que, dans un pays où Jules Simon a écrit son admirable livre sur la peine de mort, et Victor Hugo, *Claude Gueux*, on ne trouve plus personne pour demander l'abolition de la peine capitale, comme si chaque parti réservait cette arme pour s'en servir à une heure déterminée contre ses adversaires. On ne fait des projets de loi que pour supprimer la publicité des exécutions et M. Joseph Reinach est même venu pour cela passer avec moi une nuit place de la Roquette.

Ni lui, ni les autres ne réfléchissent que c'est faciliter les légendes les plus grossières et que si jamais un nouveau Praslin devait être condamné à mort, la moitié des journaux diraient le lendemain que c'est un comparse qui a été guillotiné. Alors, sans doute, il se trouverait un romancier pour raconter que le mort est un héros de la famille qui a sacrifié sa vie pour assurer une fortune à sa femme et à ses enfants, comme ces malheureux qui se suicident après s'être assurés sur la vie.

Le huis-clos, même dans les affaires d'espionnage, où il est nécessaire pour des raisons d'Etat, est très dangereux ; nous en avons de récents exemples. Le huis-clos, pour la peine de mort, est l'illogisme même, attendu que tous ceux qui, jadis, défendaient la guillotine contre les philosophes et les poètes proclamaient qu'elle était nécessaire, parce qu'elle donnait un salutaire exemple.

Acceptons un instant cette thèse. Bel exemple, en vérité, qu'une tête coupée entre les quatre murs d'une prison, devant cinq ou six personnes triées sur le volet ! Bel exemple que le bourreau se cachant pour tuer, comme avait fait l'assassin !

Maintenant, je ne veux pas que le lecteur s'imagine que je fais de la sensiblerie et que j'ai l'intention de me poser en philosophe humanitaire. J'avoue que personnellement la peine de mort me dégoûte, mais ce n'est pas parce que mes agents ont arrêté un certain nombre d'assassins qui ont été livrés au bourreau, que je proclamerai comme le dernier des Samson, dans ses Mémoires, que l'abolition de la peine de mort est le plus cher désir de ma vie. Non, je tiens simplement à dire ce que j'ai vu et les conclusions que j'ai tirées.

Ainsi, si vous déclarez franchement que vous tuez les condamnés uniquement pour vous en débarrasser, comme on écrase les vipères qu'on rencontre sur sa route ; si vous reprenez pour votre compte le mot de ce conventionnel, criant au moment du vote de la loi de Prairial : « Il n'y a que les morts qui ne reviennent pas ! » c'est votre affaire, cela ne me regarde plus. C'est aux philosophes et aux hommes politiques à rechercher si la société a bien le droit d'agir ainsi. Dans ce cas, vous pouvez même étrangler le condamné dans sa cellule, ou lui faire respirer un mauvais gaz sans qu'il s'en doute, comme on fait à la fourrière pour les chiens enragés.

Peu importe le moyen… et cela relève de la salubrité publique, plutôt que de la justice.

Mais si vous voulez proclamer que la peine de mort est la clef de voûte de la société par le grand exemple qu'elle donne, alors je vous dis :

— Halte là ; ça n'est pas vrai ! J'ai été huit ans chef de la Sûreté ; j'ai arrêté quelques centaines de bandits, dont un très grand nombre appartenaient à la catégorie spéciale des assassins : il n'en est pas un seul que la crainte de la peine de mort ait arrêté un instant.

« La peine de mort ne sert à rien. »

Ou plutôt, si, elle sert à créer un cabotinage spécial et à enseigner qu'on peut avoir, dans

certaines conditions, le droit de tuer, puisque
ce droit, la justice se l'arroge.

J'ajoute que si vous supprimez les assassins
comme bêtes dangereuses, il faut les supprimer tous, sinon il n'y a plus de justice.

Or, non seulement aujourd'hui on joue des
vies humaines à la loterie de la grâce prési-
dentielle, mais il y a pour la guillotine des
passe-droits et des tours de faveur comme pour
les bureaux de tabac.

Je me souviens qu'à la Sûreté, tous les
agents racontaient que, dans un crime célèbre
et qui avait eu lieu du temps de M. Kuhn, un
nommé Gaspard avait été guillotiné en même
temps que Marchandon, quoique moins coupable que son complice Meyer, lequel avait été
gracié. On disait que Meyer, qui était un juif
fervent, avait dû la vie à l'intervention de
M. de Rothschild.

Notez que le nom de l'intervenant et sa religion ne font rien à l'affaire. Il y a des catho-
liques qui ont dû la vie à l'intervention de
l'archevêque de Paris. La seule chose que je
veux démontrer, c'est qu'il n'y a même pas
d'égalité devant le couperet !

Quand je parlerai de ce que j'ai vu dans les autres pays d'Europe où j'ai pu étudier le fonctionnement de la police et de la justice, je donnerai quelques statistiques qui prouvent de la façon la plus claire que l'abolition ou le maintien de la peine de mort n'a aucune influence sur la criminalité. J'ai été à même d'interroger un certain nombre de forçats ; tous, sans exception, m'ont déclaré que lorsqu'ils avaient commis leur crime, ils avaient si bien pris leurs précautions qu'ils étaient certains d'échapper à la police.

Une seule chose donc peut, s'il est possible, intimider les voleurs et les assassins : c'est que la police spéciale chargée de les arrêter ait assez de bonheur dans la découverte des crimes.

A ce point de vue, dans le passé, certains chefs de la Sûreté ont eu une popularité utile à la société. Ainsi, on disait, jadis : « C'est un malin, le père Claude. » Et, plus tard : « Défions-nous de M. Macé ; il a un flair extraordinaire... » Ce n'est pas cela qu'on disait quand je suis arrivé à la Sûreté.

CHAPITRE V

M. TAYLOR, LE SERVICE DE SURETÉ
ET LA PRESSE

Quelques jours avant mon entrée à la Sûreté, le *Gaulois* publiait un article qui eut un assez vif succès, et que j'ai conservé car il était amusant, et résumait d'une façon pittoresque tout ce qui se disait alors dans les autres journaux et ce qu'on chantait dans les revues :

UN NOUVEAU DRAME

« Hier, dans l'après-midi, M. Taylor, chef de la Sûreté, s'est présenté chez M. Bessac, directeur du Château-d'Eau.

Après avoir décliné ses noms et qualité, l'habile policier s'est exprimé en ces termes :

— Monsieur le Directeur, mes fonctions me laissant de nombreux loisirs, j'ai cru bon de les consacrer à la composition d'un drame qui fera, sans nul doute, la fortune de votre théâtre.

— Je ne demande pas mieux, répondit poliment M. Bessac.

— Naturellement, j'ai choisi un sujet que, mieux que personne, j'étais à même de traiter avec toute l'exactitude qu'exige le théâtre moderne.

— Vous avez bien fait.

— Mon drame a pour titre : l'*Histoire d'un Crime.*

— Parfait.

— Je crois inutile de vous le lire et il me suffira, je pense, de vous indiquer le nom des tableaux pour que vous le receviez avec enthousiasme.

— A quelle époque se passe votre action ?

— De nos jours, sous M. Gragnon.

— Tant mieux, les costumes ne coûteront pas cher.

— Je vous dis que c'est du bon naturalisme. Ecoutez plutôt...

Et M. Taylor, dépliant un manuscrit, se mit à lire :

Premier acte. — *Le crime se commet.*

Deuxième acte. — *La police recherche l'assassin.*

Troisième acte. — *L'assassin reste introuvable.*

Quatrième acte. — *La police cherche toujours.*

Cinquième acte. — *L'assassin échappe définitivement.*

M. Taylor replia son rouleau et ajouta avec un sourire de triomphe :

— Hein, est-ce assez vécu ? »

Eh bien, cette légende était injuste comme presque toutes les légendes. M. Taylor n'était peut-être pas le chef de la Sûreté idéal ; il eût été sans doute un meilleur juge d'instruction, car il lui manquait cette activité physique, sans laquelle la chasse aux malfaiteurs est impossible, et aussi ce goût du pittoresque, cet instinct artistique, passez-moi le mot, qui fait qu'un homme de police ne vit plus avant d'avoir découvert la solution du problème qu'il doit résoudre. Mais c'était un esprit précis, ayant une foule de connaissances très utiles, et s'il n'y mettait pas d'emballement, il dirigeait avec sagacité les recherches de ses agents.

La vérité, c'est qu'il avait la *guigne*.

Il lui était tombé à la fois un si grand nombre de crimes dans le même mois qu'il lui était impossible de les instruire tous avec la même ardeur, et qu'il n'avait pas sous la main des agents capables assez nombreux pour suivre toutes les pistes.

Il y a des périodes de guigne et de veine. M. Macé avait eu à la Sûreté un règne très brillant ; M. Kuhn, qui lui succéda, était le plus actif, le plus résolu des policiers, et ses hommes disaient : « Il lui manque un bras, mais il n'est pas manchot ». — Il n'avait pas été moins heureux.

La période de malechance était venue avec M. Taylor qui avait un grand défaut, celui d'être un sceptique, et de ne croire à rien, ni aux dénonciations, ni aux lettres anonymes, ni au hasard. Sans doute, il faut avoir pour les lettres anonymes et pour leurs auteurs le mépris qui leur est dû, et je n'ai jamais reçu une délation de ce genre sans être dégoûté de sa lâcheté ; mais un policier doit avoir pour principe que tout est possible en matière criminelle ; il ne doit rien négliger. Je me souviens qu'un jour M. Taylor avait reçu une lettre anonyme ainsi conçue : « Monsieur, si vous voulez trouver une bande de voleurs, rendez-vous rue Boute-brie, à l'hôtel X... : vous y trouverez, dans les chambres des sieurs *Un Tel* et *Un Tel*, deux valises remplies d'argenterie et de bijoux. »

— Si nous y allions, demandai-je ?

— A quoi bon ? fit M. Taylor, haussant les épaules. Une simple fumisterie pour faire courir la police. Envoyons simplement un agent. Ce sera très suffisant.

Néanmoins, j'insistai vivement, mû par cette sorte de pressentiment, d'instinct, de flair, si vous voulez, qui avertit le policier qu'il est sur une piste. M. Taylor, qui était très courtois, pour me faire plaisir consentit à prendre une voiture et à venir avec moi. Non seulement nous trouvâmes les deux valises, mais toute une bande, dite la bande de Niort, dont 18 ou 20 affiliés furent condamnés au bagne.

Enfin, comment dirai-je cela ? M. Taylor était trop rigoriste, trop puritain, pour un métier dont l'unique objectif est l'arrestation des criminels, et dans lequel les audaces sont indispensables. Et puis, il n'avait pas eu cette chance qui m'arriva plus tard, quand je ne pouvais mettre la main sur un assassin, la chance de le voir venir tranquillement se constituer prisonnier aux bureaux de la Sûreté !

Je dois aussi très sincèrement déclarer qu'il y avait encore une autre raison pour que les « fours » de M. Taylor, comme on disait alors, acquissent une importance extrême. Très entier dans ses idées, estimant que les renseignements donnés aux journaux peuvent être nuisibles aux affaires criminelles, il refusait systématiquement de recevoir les journalistes. Ceux-ci n'avaient pas tardé à tirer de lui une vengeance dont la portée était indiscutable.

M. Taylor, qui avait eu comme commissaire

de police de très réels succès, dus à sa patience, à l'étude minutieuse qu'il faisait des affaires, avait accepté, on peut dire par dévouement, la place de chef de la Sûreté. M. Gragnon, qui était alors fort embarrassé pour remplacer Kuhn, avait vivement insisté, et M. Taylor avait cédé.

Mais il était entré au bureau du quai des Orfèvres avec des idées toutes spéciales et notamment avec une hostilité préconçue contre les journalistes.

Hélas! ceux-ci la lui ont bien rendue!

M. Taylor ne voulait pas raconter aux journalistes ses « ratages ». S'il l'eût fait, sans doute on eût dit que ce n'était pas sa faute, mais celle des assassins! Du reste, M. Taylor était un silencieux.

Au moment de l'affaire Pranzini, rencontrant dans l'escalier de Marie Régnault un journaliste, il se laissa aller par hasard à raconter que nous venions de trouver un chandelier renversé dans le couloir.

— Ne pensez-vous pas que j'en aie trop dit? me demanda-t-il en riant, quand le reporter fut parti.

Il était de ceux qui estiment que les affaires de justice et de police n'appartiennent pas à la presse avant le jugement.

Dès mon entrée à la Sûreté, j'eus une compréhension toute différente de la situation faite à ce service. Je compris tout de suite que, nuisible ou utile, il fallait, avant tout, s'arranger pour vivre avec la presse. Il faut être de son temps, et je crois qu'un chef de la Sûreté a tout à perdre à ne donner aucun renseignement aux reporters.

Mon successeur, M. Cochefert, prouve qu'il est de mon avis.

Je ne parle pas du petit ennui qu'on éprouve à se voir chaque matin traiter de ganache dans un nombre varié de feuilles publiques. Il y a d'autres inconvénients plus graves. Si vous ne dites rien aux journalistes, ils chercheront, et comme ils sont maintenant aussi nombreux que les agents que le chef de la Sûreté peut mettre sur une affaire, qu'ils ont une intelligence supérieure presque toujours à celle desdits agents, et beaucoup plus d'argent à leur disposition, ils arriveront avant nous; et, comme ils n'arrêteront pas l'assassin, ils l'avertiront ainsi que le moment est venu de se mettre à l'abri.

Tandis que si vous dites aux journalistes tout ce qui peut intéresser le public, sans nuire aux recherches, ils s'en contentent, enchantés d'éviter les longues courses...

En réalité, la presse, comme la plupart des choses de ce temps, a son bon et son mauvais côté ; elle fait du mal et elle fait du bien. Lorsque j'arrivai à Saint-Quentin pour arrêter Géomay, il me dit : « Si j'avais lu le *Petit Journal* un quart d'heure plus tôt, vous ne m'auriez pas trouvé. » En revanche, c'est en lisant la *Lanterne*, annonçant la découverte d'un cadavre à Millery, que je me suis demandé s'il ne serait pas celui de l'huissier Gouffé.

Si je n'avais pas lu cet article, il est probable que la succession de Gouffé ne serait point encore ouverte. Car il ne faut point oublier que l'organisation de la police est encore rudimentaire. Il n'y a, pour toute la France, aucune centralisation de renseignements. Le parquet de Lyon ne s'intéressait nullement à l'affaire Gouffé, qui avait eu lieu à Paris, et n'aurait jamais eu la pensée de nous communiquer le moindre renseignement.

Il est facile de se rendre compte qu'en réalité les services rendus par la presse sont plus grands que les ennuis qu'elle cause. Pour un chef de la Sûreté, s'il sait s'en servir, c'est un puissant auxiliaire, *embêtant* parfois sans doute, et qu'il aurait bien envie d'envoyer au diable, mais, en réalité, un auxiliaire utile.

Quelles commissions rogatoires vaudront l'insertion d'une note dans des journaux qui tirent à un million d'exemplaires?

J'ai vu des magistrats connus pour être les plus revêches, pour afficher l'horreur la plus grande de la presse, venir me dire : « Mon cher Goron, vous seriez bien aimable de faire passer cette petite note dans les journaux. »

Qu'on n'aille pas m'accuser de partialité à l'égard de la presse, parce que j'ai été quelque peu journaliste depuis que j'ai quitté la Préfecture de police. Je dois dire avec sincérité ce que j'ai vu, et je ne connais pas de spectacle plus amusant que celui des petits moyens détournés qu'emploient pour se servir des journaux ceux-là mêmes qui, en public, affichent leur souverain mépris pour eux.

Donc, un chef de la Sûreté doit donner des renseignements à la presse, avec discernement sans doute, mais il faut qu'il en donne. J'ajouterai que le silence ne lui servirait à rien, car s'il se taisait, d'autres parleraient à sa place. Il n'y a plus de secret professionnel du haut en bas de l'échelle administrative. J'ai vu de très hauts personnages ordonner, avec beaucoup de sérieux, des enquêtes sur des indiscrétions qu'eux-mêmes avaient commises, et des journalistes, sortant du Parquet, sont venus parfois m'annoncer au moment où je m'y attendais le moins que j'allais recevoir un mandat d'arrestation à exécuter... Après tout, dans ces conditions, les journalistes ne sont pas tout à fait dans leur tort lorsqu'ils en veulent à un chef de la Sûreté d'être plus discret que les magistrats.

On m'a souvent reproché de donner trop de renseignements à la presse, et, à ce sujet, je veux raconter deux anecdotes assez amusantes. Un beau matin, je fus très violemment pris à parti, je ne sais plus à propos de quelle con-

frontation — je crois bien que c'était celle
d'Eyraud et de Gabrielle Bompard — dont on
avait retrouvé le récit dans des journaux. Un
ministre, dont la bonhomie méridionale est
célèbre, me fit appeler, et, tout en me témoi-
gnant une grande affabilité, me gourmanda
au sujet des indiscrétions de la Préfecture.

— Mon Dieu, monsieur le ministre, répondis-je, je suis tout à fait de votre avis. Il est
très regrettable d'être ainsi à la merci d'une
information plus ou moins exacte. Aussi, si
vous le permettez, dès demain dirai-je aux
journalistes : « Messieurs, inutile de revenir
ici. Sur l'ordre exprès que m'a transmis M. le
préfet de police, de la part de M. le ministre
de l'intérieur, il m'est formellement défendu
de vous donner aucun renseignement. »

Le ministre se mit à rire et me reconduisit
jusqu'à la porte en me disant : « Nous repar-
lerons de cela une autre fois. »

Un des préfets de police les plus aimables
sous les ordres desquels j'aie servi, un homme
qui a tenu une grande place dans la politique
de ce temps, puisqu'il a été président du conseil, me fit venir, lui aussi, et me dit : « Go-

ron, je trouve qu'il est mauvais qu'on donne des renseignements à la Sûreté, et j'estime que tout doit être centralisé à mon cabinet. » Je remerciai le préfet qui m'épargnait une corvée, et le soir même, je prévins les journalistes. Le lendemain, tous les journaux empoignaient le préfet. Le surlendemain, j'étais appelé à son cabinet. « Mon cher Goron, me dit mon chef, j'ai réfléchi : il vaut mieux que les choses restent en l'état. Continuez à donner des renseignements. »

Et puis, à quoi servirait-il d'être renfrogné, d'afficher de la mauvaise humeur, et de refuser des renseignements aux journalistes ? Nous sommes dans le siècle des progrès ; la presse en a fait de très grands, et j'ai vu parfois, les reporters tirer les vers du nez de mes hommes avec une habileté que j'aurais bien voulu toujours trouver chez ces derniers.

C'est bien simple : l'agent de la Sûreté est, en général, un très honnête homme, incapable de céder à une tentation, et qui refuserait une somme importante pour manquer à son devoir ; mais j'en ai connu beaucoup, incapables également de résister au verre qu'un reporter offrira sur le zinc d'un marchand de vins, et surtout au plaisir de voir leur nom dans le journal que lira leur femme.

Dès que l'indiscrétion d'un agent a mis un journaliste sur la trace de la « grosse affaire », l'émotion est grande au café du Barreau et à celui des Lauriers-Roses, où se réunit le syndicat des reporters. Alors, ils se partagent les rôles; les uns épient le départ du chef de la Sûreté, et stationnent quai des Orfèvres ou quai de l'Horloge; les autres montent la garde devant le Palais de Justice, attendant le juge d'instruction...

Si la police pouvait surveiller ainsi tous les assassins, pas un ne lui glisserait entre les doigts.

Il n'y a pas à dire, je défie au plus malin des chefs de la Sûreté d'échapper aux reporters. Pour les fuir, j'en arrivai, un beau jour, à passer par les souterrains du Palais de Justice. Je retrouvai mes persécuteurs à la porte du boulevard du Palais. Dès que le chef de la Sûreté est dépisté, tous les fiacres du quartier

soit mobilisés; et quand la voiture du magistrat s'ébranle, on voit derrière elle s'allonger
une longue file... quelque chose comme une
noce ou un enterrement... plutôt une noce,
car les reporters sont gais d'ordinaire : il n'y
a que le chef de la Sûreté qui fait parfois une
figure d'enterrement.

Sans compter aussi que maintenant tous les
camelots, les oisifs, les concierges, savent
qu'il y a une pièce de cent sous à gagner en
portant à un journal la nouvelle d'un crime
important. Combien de fois, en arrivant dans
la maison où un assassinat venait d'être commis, n'ai-je pas trouvé, à côté du cadavre, des
reporters, le carnet à la main !

Un chef de la Sûreté a vraiment assez à
faire pour n'avoir pas la constante préoccupation de lutter contre les journalistes.

Quand un crime était commis et que j'avais
des présomptions suffisantes contre un individu, je cherchais à taire son nom, de façon
à empêcher les journaux de lui donner l'idée
de s'enfuir. Mais des reporters arrivaient et
me le nommaient. Alors je comprenais immédiatement qu'il fallait changer de tactique ; je

brûlais mes vaisseaux, et je demandais aux
reporters de publier des renseignements assez
complets pour que, partout où il irait, on fît
arrêter l'assassin présumé.

J'ai rarement eu à me plaindre de la presse
pendant les huit années que je suis resté à
la Sûreté, et souvent elle m'a rendu les plus
grands services.

La Presse, d'abord, a cet avantage immense
qu'elle crée un état d'esprit particulier du
public et qu'elle parvient à passionner le
monde entier pour un simple fait-divers : la
recherche d'Eyraud, par exemple.

C'était la presse de tous les pays qui, en
donnant chaque matin une sorte de feuilleton
à la Ponson du Terrail, intéressait au sort
d'un huissier de la rue Montmartre toutes les
petites femmes de la Havane et d'Honolulu !
C'est grâce à la presse seule qu'on parvient
maintenant à arrêter un assassin au fond de
l'Amérique ou de l'Australie.

La presse, enfin, a un autre avantage qu'il
faut bien se garder d'oublier. C'est le stimulant qui réveille les énergies endormies.
Grâce à elle, il semble toujours au chef de la

Sûreté qu'il entend derrière lui un écho railleur répétant : « L'attrapera, l'attrapera pas. »

C'est la Presse qui met en jeu l'amour-propre du policier et le force à marcher même quand il est las.

Certes, on serait bien plus tranquille si la Presse n'existait pas; on mènerait toutes les affaires de la façon qui paraîtrait la plus commode, et l'on n'aurait pas cette préoccupation obsédante : « Si un de mes agents fait une gaffe, demain tous les journaux me tomberont dessus. »

Mais la presse existe, son pouvoir va toujours croissant, et il serait bien difficile de le diminuer. Il faut donc s'arranger pour vivre avec ce pouvoir en assez bonne intelligence, faire vite et bien.

Je m'y efforçai dès mon arrivée comme sous-chef de la Sûreté, et j'eus bientôt l'occasion d'avoir avec la presse des rapports intéressants; avec l'autorisation de M. Taylor, mon chef, bien entendu.

J'eus mon premier assassinat. Jusque-là, comme secrétaire ou commissaire de police, j'avais eu à instruire des affaires de toute espèce, mais jamais un assassin à rechercher.

Il n'y avait pas un mois que j'étais installé à la Sûreté, quand un matin, on vint m'avertir que, rue Gay-Lussac, on avait trouvé, assassinée, une femme tenant un café. J'arrivai avant M. Taylor et le juge d'instruction, et me débrouillai comme je pus dans le nouveau rôle que j'allais jouer, et jouer avec une passion que jusque-là je n'avais pas soupçonnée.

Qu'est-ce, en effet, que la recherche d'un escroc, d'un voleur de grand chemin, à côté de l'énigme troublante que pose tout assassinat dont l'auteur n'a pas laissé sa carte de visite ?

J'avoue pourtant que je ne pus m'empêcher de sourire en voyant les premiers fonctionnaires appelés se placer avec solennité devant le cadavre, ne permettant pas qu'on touchât un doigt de la victime avant l'arrivée du juge d'instruction. Ces minuties, qui sont la plupart du temps inutiles, font partie du vieux bagage des habitudes. J'ai vu certainement des assassins laisser leur carte de visite, sous une forme quelconque, à côté du cadavre; j'en ai même vu laisser une fausse carte, comme Pranzini, qui laissa celle de Gessler. Mais je ne me suis jamais arrêté, pour la recherche d'un criminel, à tous ces détails stupides dont on parle dans les vieux romans policiers.

Cette fois, il n'était pas difficile de deviner l'assassin; la victime avait été volée, et le garçon de café qui était resté auprès d'elle jusqu'à la fermeture de la maison avait disparu. Mais le diable était de retrouver ce garçon. On partit sur plusieurs pistes. Jaume s'en fut même jusqu'à Genève. Pendant ce temps-là, l'assassin se faisait arrêter à Constantine.

Ce n'était pas un grand exploit, puisque notre habileté n'était pour rien dans cette arrestation. Mais c'était la veine qui revenait. Enfin, on avait arrêté un assassin! Déjà, peu de temps avant mon arrivée, les agents de M. Taylor avaient suivi, avec une précision merveilleuse, les traces d'un garçon coiffeur qui avait zébré de coups de rasoir le corps de sa maîtresse. Mais cette piste les avait conduits jusque sur les bords de la Seine, où ce fumiste était venu se jeter, jouant ainsi à la police un mauvais tour posthume !

Cette fois, Rossel, l'assassin de la rue Gay-Lussac, avait été plus gentil et s'était laissé prendre vivant.

CHAPITRE VI

J'avais peu à peu fait connaissance avec le personnel de la Sûreté et très vite reconnu les qualités spéciales des principaux agents, ceux qui devaient pendant huit années être mes meilleurs collaborateurs.

Gaillarde était alors inspecteur principal. Il a pris sa retraite pendant que j'étais encore à la Sûreté. Plutôt petit, la barbe et les cheveux très noirs, bien qu'il eût déjà dépassé la cinquantaine et qu'il eût près de vingt ans de services à la Sûreté, Gaillarde avait été le bras droit du père Claude et de

M. Macé. C'était un agent plein d'énergie et de finesse.

Il était fort amusant, par exemple, quand on parlait devant lui des médecins et d'une expertise médico-légale.

Gaillarde, en effet, avait eu une fois à lutter contre les médecins et dans des conditions particulièrement curieuses. Lors de l'affaire Mielle, quand on avait trouvé dans la Seine le corps mutilé de Lebon, les médecins chargés de l'autopsie déclarèrent que le cadavre avait été coupé par l'hélice d'un bateau à vapeur. Trois autopsies successives aboutirent à la même conclusion.

Mais Gaillarde tenait à son crime; il montra un entêtement tel qu'on fît une quatrième autopsie. Cette fois, les médecins retrouvèrent des traces de *coups de scie.* Quelques jours après, Gaillarde arrêtait Mielle.

Jaume, que par la suite je nommai, lui aussi, inspecteur principal, était le type même du policier, passionné pour son métier. Rusé, finaud, et en même temps d'une bravoure à toute épreuve, il n'avait pas son pareil pour arrêter un assassin ou un voleur.

Jaume, pendant sa longue carrière, n'a jamais
porté une arme ; et il n'était pas cependant
d'une force physique extraordinaire. On disait
de lui qu'il arrêtait les gens par persuasion.
L'arrestation qu'il fit de Dauga, l'assassin de
Pont-à-Mousson, est véritablement un haut
fait policier.

Rossignol, dont le nom a paru tant de fois
dans des comptes rendus de procès, était le
type du gamin de Paris.

Ancien zouave, d'une audace superbe, il
grimpait sur les toits comme un singe et se
contentait de hausser les épaules quand l'individu qu'il voulait arrêter tirait sur lui des
coups de revolver.

Soudais, que sa promenade à travers l'Europe, à la recherche d'Arton, a rendu célèbre,
était un bon bourgeois qui manquait de talent
oratoire et dont les rapports verbaux étaient
parfois bien filandreux ; mais nul ne savait
suivre avec plus de patience et de logique
une affaire de longue haleine.

Prince avait la spécialité des escrocs.
Grand, toujours correctement habillé, ne
parlant que des choses qu'il connaissait bien,

on pouvait l'envoyer partout sans qu'il fût déplacé.

Barbaste, qui n'était alors qu'inspecteur et qui succéda ensuite à Jaume comme inspecteur principal, avait une spécialité, celle de faire avouer les coupables.

Ses camarades, qui le jalousaient un peu, l'appelaient le *tortionnaire*.

Un des trucs principaux de Barbaste était, du reste, d'une simplicité enfantine, et suffit à prouver que les assassins, après le crime, ont très rarement une parfaite lucidité d'esprit.

— Ecoutez, mon ami, disait Barbaste à l'assassin présumé, je ne comprends pas comment vous hésitez à avouer que vous avez tué cet animal-là. Il vous avait fait assez de misères ! Je ne suis pas méchant, eh bien ! moi, à votre place, je l'aurais tué comme vous. Oh ! je ne vous l'envoie pas dire !

— N'est-ce pas ? répondait la plupart du temps l'assassin, enchanté de trouver l'indication d'un système de défense.

Par exemple, Barbaste avait un grave défaut. Par certains côtés, il ressemblait à

Javert, le type immortel créé par Victor Hugo. Il avait le fétichisme des agents d'autrefois pour l'infaillibilité de la justice et de l'autorité. Sans le vouloir, il considérait comme un gredin à *priori* quiconque avait affaire à la police, et il me fallait surveiller avec un soin extrême ses rapports, quand il était chargé de prendre des renseignements.

« Cet homme a des mœurs inavouables », voulait dire simplement parfois : « Cet homme a pour maîtresse une femme mariée. » Ou bien : « On croit qu'il a des mœurs contre nature », voulait dire tout au contraire : «On ne lui connaît pas de maîtresse. »

Ce grossissement des choses est, du reste, le défaut de quelques agents, et celui qu'un chef de la Sûreté doit contrôler avec la plus grande attention.

Je citerai encore Houillier, le seul de mes agents, avec Orion, qui parlât anglais et qui fût capable de suivre une piste en Angleterre sans plus de difficultés qu'en France.

Quand j'arrivai à la Sûreté, je trouvai Houillier employé à la petite imprimerie. Je compris les services bien plus utiles qu'il pourrait rendre en rentrant dans les brigades actives et je lui ai dû le succès de quelques affaires importantes.

Quant à Orion, aujourd'hui en retraite, et commissaire de police à Monaco, c'est lui qui, depuis mon départ, dirigea à Londres l'arrestation d'Arton, laquelle fut opérée, ainsi que je l'indiquerai plus tard, d'après des indications que j'avais obtenues avec Orion, dans un de mes nombreux voyages en Angleterre.

C'était alors M. Ribot qui était président du conseil, c'était lui qui m'avait envoyé. Je me suis toujours demandé pourquoi il ne s'était pas targué de cette arrestation!

Enfin, Bourlet et Girodot, qui n'étaient pas des modèles d'élégance sans doute, mais pour qui la place Maubert n'avait pas de secrets, connaissaient d'une façon merveilleuse le monde spécial des escarpes et des souteneurs...

Le chef de la Sûreté est, en quelque sorte, un général qui doit connaître les aptitudes différentes de tous ses soldats et savoir né donner à chacun que les missions qu'il peut remplir.

Il y a là tout un monde spécial qu'il faut savoir conduire avec adresse et dont il faut ménager les susceptibilités.

Les trois cents agents de la Sûreté, qui forment, comme l'a si bien dit jadis M. Macé, la troupe d'élite qui protège la société contre le crime, sont, en réalité, les plus désintéressés des serviteurs de la patrie. Ces hommes, qui ne rechignent jamais quand il s'agit de passer des nuits à la belle étoile, qui se disputent les missions dangereuses, ne gagnent guère plus que les gardiens de la paix.

Ils gagnent même moins, puisqu'ils ne sont pas habillés aux frais de la Ville.

Ce n'est donc pas l'intérêt qui les guide, et il y a parmi eux une probité professionnelle telle, qu'on n'en a jamais vu un seul consentir à accepter une grosse somme d'argent pour ne pas arrêter un coupable. C'est l'amour-propre seul qui les fait agir, et, par conséquent, c'est en leur donnant des satisfactions d'amour-propre qu'on parvient à faire d'eux tout ce qu'on veut.

Ceux qui ne connaissent pas les questions de police sont stupéfaits quand ils sont amenés à apprendre quelles faibles ressources possède un chef de la Sûreté pour lutter, dans cet immense Paris, contre ce qu'on est convenu d'appeler l'*armée du crime*.

En 1848, alors que les passeports existaient encore, que les hôtels meublés ne s'étaient pas multipliés comme aujourd'hui, que la rapidité des voyages n'était même pas soupçonnée, la police de Sûreté comptait 160 agents. Elle n'en compte que 350 aujourd'hui, et recrutés comment? Sur de bons certificats militaires et sur la recommandation d'un ministre ou d'un député.

Pour ce métier si difficile, il n'est pas d'apprentissage.

Quand un brave garçon démontre le peu d'aptitude qu'il possède pour des fonctions où il faut à la fois de l'énergie et de la finesse, on le garde tout de même, puisqu'on a déjà commencé à faire des retenues pour sa retraite.

Je m'expliquerai d'ailleurs plus longuement sur ce sujet, quand je dirai quelles réformes sont, à mon avis, indispensables. Je voudrais, avant tout, montrer quelles lourdes responsabilités incombent à ce service et comment, en réalité, toute la police criminelle repose entièrement sur lui.

J'ai eu sous mes ordres à la Sûreté à peu près trois cent cinquante agents ; quand je suis arrivé comme sous-chef dans ce service, et qu'il m'a été possible de me rendre compte des surveillances multiples qui incombaient à ce petit nombre d'hommes, j'ai été stupéfait de voir qu'ils parvenaient à s'acquitter de leur tâche.

Il y a d'abord les bureaux et les archives qui occupent un certain nombre d'inspecteurs faisant fonctions de commis, chargés de la copie des rapports, de leur classement, de celui des photographies, de celui des dossiers de la comptabilité générale, de la correspondance, etc., etc.

Une section a la spécialité de la voie publique. Les agents qui la composent vont à la *flan* (au hasard), dans les rues de Paris, flairant le voleur à la tire ou le voleur à l'étalage, le pick-pocket ou le cambrioleur, le roulottier ou toutes les variétés de la pègre parisienne.

Ce sont eux qui protègent la devanture des grands magasins, qui surveillent les champs de courses et jusqu'aux troncs des églises.

En une seule année, 1888, je crois, cette section n'a pas procédé à moins de deux mille cinq cents arrestations sur la voie publique.

Une autre section surveille le Mont-de-Piété et ses succursales; non seulement il faut aux agents qui la composent une connaissance approfondie des voleurs, mais encore un tact particulier, pour deviner, en quelque sorte, les engagements suspects, et procéder à l'arrestation de ceux qui les présentent.

La section des réquisitoires exécute les contraintes par corps, les jugements de simple police, et enfin tous les ordres spéciaux du procureur de la République. Cette section a même une besogne toute paternelle. C'est elle qui fait rentrer les amendes quand tous les moyens d'action ont été épuisés par les percepteurs, et qu'il n'y a plus que la menace de la contrainte par corps.

C'est ainsi que le chef de la Sûreté, parfois, fait rentrer, au moyen d'acomptes de 10 ou de 15 francs par mois, une partie des colossales amendes dont sont frappés les journalistes. Heureusement que de temps en temps une amnistie intervient... sans cela, certaines personnalités très connues en auraient jusqu'à la troisième génération avant de s'être acquittées envers le fisc.

La section des notes et mandats recherche et arrête les déserteurs, les condamnés en fuite réclamés par les Parquets de province; enfin, les individus dont l'extradition est demandée par les gouvernements étrangers. Je ne veux pas parler des recherches dans l'intérêt des familles qui sont innombrables et dont la Sûreté n'a qu'une partie.

La brigade des mœurs, dont je ne me suis jamais occupé avec passion, n'a pas moins de besogne que les autres.

La permanence comprend les agents toujours prêts à accomplir les missions inattendues de jour et de nuit; ils ont, en outre, la charge d'extraire les détenus, de conduire à la légation de leur pays les étrangers expulsés, etc., etc.

Au moment du conseil de revision, ils ont parfois plus de cent détenus à conduire au

Palais de l'Industrie et à ramener ensuite dans les différentes prisons.

C'est encore parmi eux qu'on choisit les agents chargés des missions les plus délicates : par exemple, celle de la protection des mariages, quand un fiancé déclare qu'il a à craindre un scandale d'une ancienne maîtresse.

Enfin, la brigade spéciale, dite *brigade du chef*, dont faisaient partie de mon temps Jaume, Soudais, Rossignol, Bleuze, Prince, Bourrelet, Barbaste, Houillier, etc., est celle à laquelle incombent les missions les plus dangereuses et les plus importantes.

C'est la brigade spéciale, qui marche quand un grand crime a été commis et que le coupable est inconnu ; c'est elle aussi qui recherche les escrocs célèbres, les faux-monnayeurs et les voleurs de marque.

Pour permettre au lecteur de se rendre compte d'une façon bien précise de l'importance extraordinaire du service de la Sûreté, je dirai seulement que son chef a environ trois cents rapports à signer par jour. Il ne faut donc pas trop en vouloir au service de la Sûreté, quand, avec les faibles ressources dont il dispose, il rate un assassin ou un voleur ; et M. Taylor, qui avait eu jusqu'à cinq assassinats à la fois, avait véritablement joué de malheur, comme je l'ai déjà dit...

Mon entrée à la police de Sûreté semblait avoir porté bonheur au service.

Rossel avait été un assassin fort aimable, qui avait eu le bon goût de se faire arrêter lui-même. Nous eûmes bientôt un crime nouveau et, si nous n'arrêtâmes pas l'assassin, nous eûmes du moins la possibilité de reconstituer son état civil. On fait ce qu'on peut.

Un individu était venu louer une chambre dans un hôtel meublé de la rue de la Cerisaie, il avait payé un mois d'avance, et pris possession de sa chambre, puis, jamais on ne l'avait plus revu... Le patron de l'hôtel, respectueux des droits de son locataire, avait laissé la chambre fermée pendant vingt-cinq jours, mais au bout ce temps, il était entré avec son passe-partout.

Alors, il avait trouvé sous le lit le cadavre d'une femme qui n'avait pour tout vêtement... qu'une boucle d'oreille.

Quand nous arrivâmes, M. Taylor et moi,

nous cherchâmes en vain une pièce à conviction, un indice pouvant nous mettre sur les traces de l'assassin. Nous ne trouvâmes auprès du cadavre qu'un paquet de vieux chiffons démarqués. Nous les saisîmes à tout hasard.

Le visage de la femme était complètement noir et comme à moitié rongé. Un phénomène curieux s'était même produit. Bien que la mort remontât à près d'un mois, le corps n'était point tombé en putréfaction, mais s'était en quelque sorte momifié. Le bras gauche, par exemple, portait des traces de profondes morsures. Les médecins appelés pour les premières constatations déclarèrent que cette partie du cadavre avait été mangée par les rats. Ils nous montrèrent, avec une bonne foi parfaite, les traces des dents des rongeurs.

Je n'avais point encore une grande expérience des affaires criminelles ; néanmoins, cette affirmation me parut tout à fait extraordinaire, d'autant plus que dans la chambre je cherchai en vain le trou par lequel auraient pu passer les rats en question.

Heureusement, le hasard nous servit comme

après tout il est nécessaire qu'il serve pour que les enquêtes judiciaires réussissent. Le soir nous vîmes arriver au bureau un journaliste que je connaissais un peu, M. Eric Besnard, alors rédacteur au *Soir*, qui était accompagné d'une jeune femme très émue.

M. Eric Besnard nous raconta alors qu'étant allé au commissariat de M. Ringeval, pour avoir quelques renseignements sur le crime de la rue de la Cerisaie, il avait trouvé cette jeune femme dans le bureau des inspecteurs. Elle venait, disait-elle, pour signaler la disparition de sa sœur Berthe et elle demandait à voir le cadavre déposé à la Morgue, ayant un vague pressentiment que ce devait être celui de sa sœur. Le père Ringeval, qui était un vieillard prêt à prendre sa retraite, et qui ne se passionnait plus pour aucune affaire, avait envoyé promener la pauvre fille... M. Eric Besnard avait assisté à la scène, et, avec cet instinct du reporter flairant l'article à sensation, il avait fait monter la jeune femme dans sa voiture et l'avait amenée au service de la Sûreté.

Quand M. Taylor fut mis au courant de ce

curieux incident, il s'en fallut de peu qu'il ne fît comme M. Ringeval. Il ne croyait à rien, mon chef, je l'ai déjà dit, ni au hasard, ni aux témoignages spontanés ! Son premier geste fut un haussement d'épaules. Mais la jeune fille était entêtée. Il fallut bien l'entendre et prendre note de ce qu'elle disait.

Elle raconta que sa sœur était enceinte de quatre mois et qu'elle avait une maladie spéciale. Elle donna l'âge de la disparue, correspondant à l'âge présumé du cadavre ; elle reconnut la boucle d'oreille que j'avais dans mon bureau et que je lui montrai.

Enfin, elle en vint à ce détail :

— Ma sœur, dit-elle, avait, tatouées sur le bras gauche, deux colombes se bécotant, avec cette inscription : « A Étienne pour la vie. »

Cette fois, je tenais la vérité. Pour moi, cette simple constatation prouvait que les médecins s'étaient trompés, et que les rats n'avaient jamais joué le moindre rôle dans ce drame sinistre. L'assassin avait fait disparaître les tatouages.

Eh bien, M. Taylor doutait encore ; il interrogeait cette jeune fille avec le scepticisme d'un homme qui en était arrivé à croire qu'il était impossible de retrouver les assassins.

Néanmoins, mademoiselle Sentier nous donna des détails si complets, que M. Taylor se décida à l'emmener à la Morgue, où elle reconnut, autant qu'il était possible de le faire, les restes de sa sœur.

Le lendemain, je fis une autre découverte qui permit de savoir comment le meurtrier avait effacé du bras de sa victime les tatouages qui pouvaient la faire reconnaître.

Les chiffons saisis avaient été mis sous scellés, comme d'usage, entourés d'une ficelle rouge qui tenait une fiche où étaient inscrites les indications réglementaires. Par hasard, je repris ces chiffons, et remarquai avec stupéfaction qu'en vingt-quatre heures l'encre de la fiche, de noire, était devenue rouge. Il y avait donc de l'acide sulfurique sur ces chiffons...

Une simple analyse suffit à l'établir.

Mais alors, c'était l'acide sulfurique qui avait rongé le bras! L'assassin, sans doute, avait voulu faire disparaître une marque quelconque qui aurait pu faire reconnaître sa victime...

L'autopsie, le lendemain, fit découvrir que la victime était enceinte de quatre mois et avait bien la maladie spéciale signalée par mademoiselle Sentier. Le doute n'était plus possible sur l'identité du cadavre.

Mais la fantaisie des médecins chargés du rapport nous laissa un doute inattendu sur le crime lui-même. En effet, ils concluaient à peu près ainsi : « Le cadavre ne présente pas les signes d'une mort violente, ni ceux d'une mort naturelle. » Je m'aperçus plus d'une fois par la suite que la plupart du temps les rapports des médecins légistes sont aussi nébuleux.

La jeune fille, qui avait reconnu sa sœur avec l'obstination que l'on connaît, nous donna alors des détails nouveaux.

— Ma sœur, nous dit-elle, avait pour amant un Italien nommé Gavello; c'est lui qui doit avoir fait le coup.

Nous prîmes des renseignements sur ce Gavello. C'était bien lui qui était venu louer la chambre rue de la Cerisaie, et nous sûmes que le lendemain de cette location, il était allé retirer son argent à la Caisse d'épargne. On suivit sa trace jusqu'à la frontière italienne... mais ce fut tout. On le rechercha vainement en Italie.

Le drame de la rue de la Cerisaie resta toujours mystérieux, car jamais nous n'avons pu connaître le mobile du crime, ni même être bien certains qu'il s'agissait réellement d'un crime, étant donné que le rapport des médecins légistes avait la singulière conclusion qu'on connaît.

Gavello avait-il vu mourir sa maîtresse dans ses bras, et alors avait-il été pris de la terreur folle de passer pour l'avoir tuée ? Ou bien l'avait-il tuée réellement dans un accès de jalousie ?

Retrouver un Italien en Italie n'est pas chose facile, et Gavello avait vingt-huit jours d'avance sur nous. S'était-il même embarqué sous un faux nom pour l'Amérique du Sud ? Nous n'en sûmes jamais rien.

Ce n'était point un triomphe, mais c'était déjà mieux : nous avions au moins, dans des conditions difficiles, reconstitué l'identité d'une victime.

Bientôt nous arrêtâmes un assassin et sans

qu'il fût nécessaire qu'il vînt se livrer lui-même.

Un sieur Berthoud, meunier à Garches, dans la nuit du 30 novembre, vers onze heures, entendit les clochettes de ses chevaux et vit, comme d'ordinaire, s'arrêter à la porte de son moulin la voiture que conduisait son charretier Delporte ; mais par extraordinaire, il n'entendit pas la voix de Delporte réclamer la clef de la porte cochère, comme il faisait tous les soirs. Il réveilla son garçon farinier, et descendit avec lui pour se rendre compte de ce qui se passait.

Tous deux soulevèrent la bâche et virent alors le malheureux Delporte gisant au fond de la voiture, la tête fracassée... Il vivait encore, mais quelques heures après il expirait, sans avoir prononcé une parole, sans avoir pu répondre, même par un signe, aux questions qu'on lui posait.

Il n'était pas douteux que le vol fût le mobile du crime, car le charretier Delporte, comme à toutes les fins de mois, avait touché les factures de son patron. D'un autre côté, il avait la réputation d'un homme très prudent, qui jamais n'aurait laissé monter dans sa voiture un inconnu. En outre, il était très vigoureux, et pour qu'il n'eût pas résisté, il fallait certainement qu'il eût été frappé par derrière.

Nous cherchâmes donc immédiatement parmi les anciens employés du meunier Berthoud, et nous les fîmes tous venir à la Sûreté. Tous établirent, de la façon la plus nette, des alibis.

Un seul, nommé Séjourné, qui avait montré cependant plus d'assurance que ses camarades, fut retenu par moi.

Celui-là aussi donnait un double alibi ; il prétendait avoir passé la journée avec une fille Michelin et être venu dîner aux Halles vers dix heures du soir. Une rapide enquête nous suffit pour établir que Séjourné, ce jour-là, n'avait pas vu la fille Michelin et qu'il n'était arrivé aux Halles que vers minuit...

Je ne veux pas insister sur cette affaire toute simple, dans laquelle pourtant il fallut une information minutieuse pour retrouver les preuves de la culpabilité de l'accusé qui nia jusqu'au bout...

On parvint à prouver qu'on lui avait vu une

pièce de vingt francs en sa possession, et que lui qui, le matin, demandait vingt sous à emprunter, s'était pendant toute la nuit payé une débauche aux Halles, offrant à boire à toutes les filles qu'il rencontrait...

Séjourné fut condamné à mort par les jurés de la Seine.

Cette fois, c'était un succès incontestable pour le service de la Sûreté. On ne pouvait plus dire au moins que tous les assassins passaient entre les mailles de la police...

Un soir, on trouva étranglée, rue de Trévise, dans les communs de l'hôtel, une domestique de la famille Fould, madame Cuvellier. La malheureuse femme, quoique infirme et presque paralytique, s'était défendue avec énergie. Elle avait été horriblement piétinée. On n'avait eu aucun mal à connaître l'assassin. Il avait fait mieux que laisser sa carte de visite. Il avait écrit à madame Fould pour s'accuser. C'était le fils du concierge de l'hôtel, un mauvais drôle nommé Ducret, déjà plusieurs fois condamné.

L'assassin, pendant trois jours, resta introuvable, et M. Taylor fut encore pris à partie dans les journaux. Je dois à la vérité de déclarer que les railleries de la presse continuèrent même après l'arrestation de Ducret, ou plutôt après que ce gamin criminel vint se constituer prisonnier.

Ils ne savaient cependant qu'une partie de la vérité, les journalistes qui blaguaient la police ! S'ils l'avaient connue tout entière, ils auraient sans doute trouvé un stimulant tout nouveau à leur verve.

Voici en réalité ce qui s'était passé.

Ducret, après son crime, n'ayant pu voler qu'un porte-monnaie contenant six francs, erra dans Paris à l'aventure. Mourant de faim et de fatigue, las de coucher à la belle étoile, ce jeune misérable prit la résolution de se constituer prisonnier.

Avec le dernier sou qui lui restait, il acheta un journal, poussé par le besoin de savoir ce qu'on disait de son crime, comme tous les assassins ; il avait lu ainsi que, ce soir-là, les quatre-vingts commissaires de police offraient un banquet à leur préfet, M. Gragnon, dans les salons de Lemardelay, ceux-là mêmes où se trouvent maintenant les bureaux du *Journal*.

Avec ce côté de cabotinage qu'on retrouve chez l'immense majorité des criminels, il avait pensé d'abord à venir se constituer prisonnier chez Lemardelay.

— Je m'étais dit, raconta-t-il le lendemain, que mon apparition aurait été un agréable dessert pour M. le préfet de police. Mais je réfléchis que j'étais trop mal mis et que, sans doute, on me mettrait à la porte sans vouloir m'entendre.

Il avait raison, cet assassin de vingt ans ! S'il n'est pas toujours facile à la police d'arrêter un criminel qui prend bien ses précautions, il est parfois très difficile à un criminel qui désire se mettre à l'abri des intempéries des saisons dans une prison de se faire arrêter. Le jeune Ducret s'en aperçut de reste.

Il était venu jusqu'à la porte de Lemardelay ; réflexion faite, il avait rebroussé chemin et s'était mis à marcher au hasard, jusqu'à ce qu'il aperçût, devant lui, la lanterne rouge d'un poste... C'était du côté d'Auteuil, et il dit au gardien de la paix, en sentinelle à la porte :

— Je suis un assassin, voulez-vous m'arrêter ?

— Veux-tu me f... le camp, méchant gamin, fit l'agent en lui envoyant un coup de pied plus bas que les reins. Je t'apprendrai à te moquer de moi.

Mais Ducret était entêté, il voulait absolument aller en prison. De plus, il avait faim. Il pensa qu'un délit de plus ou de moins n'aggraverait pas sensiblement son cas, et il entra chez un marchand de vins, où il se fit servir un copieux repas. Quand on lui présenta la note, il dit au patron :

— Je n'ai pas d'argent, je suis un assassin; faites-moi arrêter.

— En voilà une crapule, qui vient faire du scandale dans ma maison ! s'écria le gargotier.

Et le prenant au collet, il jeta Ducret dehors, lui allongeant un coup de pied identique à celui de la sentinelle et ajoutant :

— Tiens, voyou ! voilà comment je me paye !

Cet assassin n'avait évidemment pas de chance. Pourtant, au coin de la rue de la

Pompe, il rencontra deux agents auxquels il se mit à parler avec beaucoup de politesse, après avoir retiré son chapeau.

— Si c'était vrai ! dit l'un des agents.

— Conduisons-le toujours au poste, répondit l'autre.

C'est ainsi que l'assassin de la rue de Trévise parvint enfin à se faire arrêter.

Je commençais, comme on le voit, à bien faire mon éducation au point de vue criminel, et je dois dire que si M. Taylor manquait peut-être de cette brillante initiative qui fait les chefs de la Sûreté, heureux, il était un excellent professeur de police pour un débutant comme moi, — par sa connaissance approfondie des questions de droit et par la minutie patiente qu'il savait mettre dans ses recherches. Il m'était reconnaissant de l'extrême déférence que je lui témoignais et qui était due d'ailleurs à son caractère. Nous avons eu toujours, jusqu'à son départ, les relations les plus cordiales.

Il me faisait la confidence de ce qu'il appelait ses écœurements, qui d'ailleurs étaient justifiés. Car la place de chef de la Sûreté est la plus visée de toutes, et je m'aperçus, dès ce moment-là, que M. Macé n'avait pas une imagination de romancier comme je me l'étais figuré, et qu'en effet, la mutualité de l'espionnage est la maladie de la police.

J'avais alors une activité énorme, et un besoin de dépenser le trop-plein de vie qui bouillonnait dans mes veines. Je ne faisais que suivre les ordres de M. Taylor dans les instructions criminelles où j'étais encore novice.

Je retrouvai une plus grande liberté d'action, pour instruire deux affaires de bandes de voleurs.

J'avais une expérience suffisante pour ces sortes d'instructions et, certes, les deux affaires dont je parle sont curieuses et prouvent bien que, de nos jours, les vieilles traditions des Cartouche et des Mandrin se sont pieusement conservées.

Je veux parler d'abord de la fameuse bande de Lelong, dit *Lafont*, qui me demanda des recherches sans nombre et qui m'offrit l'occasion d'intéressantes observations psychologiques.

Un matin, on arrêtait Lafont en flagrant délit de vol à l'étalage de la librairie Flammarion, sous les galeries de l'Odéon. Le voleur, naturellement, chercha à dissimuler son nom et prétendit qu'il s'appelait Régnier ; mais j'appris très vite que sous le nom de Lafont, il tenait, rue d'Amsterdam, une petite librairie qu'il alimentait avec ses vols à l'étalage des librairies.

Bientôt un nouveau renseignement vint m'éclairer tout à fait sur la moralité de l'individu.

Sous un troisième nom, celui de Daniel, le même Lelong avait fait afficher à la mairie de la rue Drouot la publication de son mariage avec mademoiselle X.... de Z...., une jeune fille d'une excellente famille que l'escroc avait habilement trompée, et sur son état civil, et sur sa moralité.

Ces publications n'avaient pu se faire que grâce à un certificat de complaisance délivré par le propriétaire de la maison habitée par Lelong, et à la production de tout un état civil au nom de Daniel que le gaillard avait dérobé.

Un semblable chevalier d'industrie ne de-

vait pas seulement avoir sur la conscience le
vol de quelques bouquins.

Sa boutique fut mise en observation et
nous sûmes qu'il était le chef et l'organisateur
d'une bande de voleurs jusque-là introuvable
et qui dévalisait tous les grands magasins de
mercerie de la capitale.

Lelong, avec un machiavélisme extraordinaire, attirait chez lui des employés de toutes
les grandes maisons du quartier Saint-Denis,
la maison Grellou, la maison Cahagne et Fa-
vrot, la maison Aubinet et Boudin, etc. Il
s'attachait ces jeunes gens par quelques légers
prêts d'argent, et les incitait ensuite à voler
des marchandises à leur patron pour le rem-
bourser.

Dès que ces malheureux avaient volé une
première fois, ils étaient à la merci de Lelong.
Ce misérable les obligeait à continuer en les
menaçant de les dénoncer... Des marchandises avaient été volées pour des sommes
considérables et je saisis, salle Graffard,
pour 30,000 fr. de rubans... Mais l'incident le
plus curieux de toute cette affaire fut celui
qui se passa à la cour d'assises.

J'avais été appelé, par l'avocat de l'un des prévenus, comme témoin à décharge, et malgré moi, simplement parce qu'il me semblait que cela était juste, j'appelai l'indulgence du jury sur les malheureux jeunes gens qui avaient été les victimes du chantage particulier de Lelong et qui avaient été obligés, en quelque sorte, par lui, à devenir des professionnels du vol.

L'avocat général me fit appeler au moment de la suspension d'audience, et nous eûmes une explication aigre-douce.

Comme il s'étonnait de voir un magistrat « témoin à décharge », je lui répondis que je croyais que le premier devoir d'un magistrat était de dire la vérité, de témoigner suivant sa conscience, et non de faire condamner sévèrement de pauvres diables déjà bien suffisamment punis par huit mois de prévention.

Cet incident m'attrista, car j'ai toujours estimé que les individus arrêtés sont des vaincus, pour lesquels on doit avoir de l'indulgence; mais il m'apprit aussi quelque chose que j'ignorais encore, et qui fit évanouir mon dernier enthousiasme social.

Il n'est que trop vrai que beaucoup de magistrats considèrent comme un échec personnel l'acquittement ou même la diminution de la peine...

On doit saluer ceux qui, comme M. l'avocat général Blondel, dans un procès récent, ont le courage d'abandonner franchement et loyalement l'accusation dès qu'elle apparaît insuffisamment justifiée. J'ai toujours considéré que ce faux point d'honneur des magistrats était certainement ce qu'il y avait de plus urgent à réformer dans notre système judiciaire.

La vérité, du reste, c'est que les magistrats ne sont point, en quelque sorte, responsables de cet état d'âme particulier. Ce sont les habitudes, les préjugés de la société actuelle qui l'ont créé. Dans tout le monde du Palais, y compris les avocats, on blague le magistrat faisant fonctions de ministère public qui n'obtient pas une condamnation. Et, cependant, que de progrès accomplis déjà, depuis la suppression du résumé du président!

Je vois d'ici beaucoup qui diront : « En voilà une étrange sensiblerie, chez un policier, dont le métier fut d'arrêter les gens! »

Ils ne connaissent point, ceux-là, l'état d'esprit du chasseur, passionné pour la chasse, qui ne mange point de son gibier.

Le policier, qui a passé des nuits sans sommeil, quand l'assassin ou le voleur se dérobait à toutes ses recherches, pousse un : Ouf! de satisfaction quand il a pris son gibier, et cette satisfaction lui donne tout de suite beaucoup d'indulgence pour le pauvre diable désarmé qu'il tient en son pouvoir. Son amour-propre est satisfait.

Celui du magistrat se met seulement en jeu en ce moment, et il consiste à obtenir la tête du coupable.

Quand il l'a obtenue, c'est souvent lui qui en demande la grâce !

Il n'y a que le bourreau qui, lui, ne tient qu'à faire de la « belle ouvrage », et demande seulement qu'on n'abîme pas son « instrument ».

L'amour-propre, voyez-vous, c'est le péché des fonctionnaires !

Ah! l'on apprend vite ce qu'on ignorait des petits mystères sociaux, des faiblesses de l'humanité et aussi des injustices commises, dans ce service de la Sûreté auquel aboutissent, sans qu'on s'en doute, presque tous les rouages de la vie parisienne.

Et certes, ces bandes organisées, continuant jusqu'à la fin du dix-neuvième siècle les traditions de la pègre du moyen âge, sont une des questions les plus intéressantes de la morale et de la police.

Après la bande des voleurs de magasins, j'eus la bande de la » Volige », qui avait la spécialité de dévaliser les villas de Paris.

Ce fut le hasard, comme toujours, qui mit la police sur les traces de ces bandits.

Un matin du mois de janvier, au petit jour, trois individus entraient dans la gare de Bel-Air-Ceinture, porteurs d'énormes paquets. Un gardien de la paix, intrigué par les dimensions de ces paquets, voulut leur poser quelques questions. Aussitôt, deux prirent la fuite, et le troisième, saisi au bras par le gardien de la paix, tira un revolver pour se défendre.

L'agent, aidé du chef de gare et de deux employés, le ficela comme un saucisson, et on me l'amena. C'était un individu déjà condamné plusieurs fois et qui ne chercha pas à nier longtemps. Il raconta qu'avec deux de ses complices il avait dévalisé une maison de Saint-Mandé et qu'il faisait partie d'une bande qui avait la spécialité de ce genre de vol...

J'en fis passer dix-huit en cour d'assises : le chef, Guillaumat, dit la « Volige », parce que son profil avait assez l'aspect d'une planche mal rabotée ; ses deux lieutenants, Boutonné dit le « Ronfleur », et Poussin dit le « Zouave », étaient des types vraiment étranges. Tous jeunes (le chef n'avait pas vingt ans), ils s'étaient mis en marge de la société et se donnaient pour voler plus de mal, certes, qu'il ne leur en eût fallu pour travailler. Les anecdotes amusantes ne manquèrent point aux débats.

Ces voleurs ne dédaignaient pas la fumisterie. Ils laissaient volontiers des lettres facétieuses chez les personnes qu'ils avaient dévalisées. Celle-ci, par exemple :

« Cher monsieur, nous n'avons pas voulu prendre aujourd'hui les poussins, qui sont trop petits et trop maigres. Nous reviendrons dans un mois. Quant aux lapins, soyez tranquille, nous vous enverrons les peaux sitôt qu'ils seront dépouillés. Excellent, votre vin, mais il n'y en a plus. Vous ferez bien d'écrire au fournisseur. »

Le plus drôle, c'est que les voleurs envoyèrent les peaux de lapins, et, environ un mois après, égorgèrent le restant de la volaille.

La bande se subdivisait en plusieurs troupes qui parfois se rencontraient la nuit sans s'être donné rendez-vous dans les maisons qu'ils dévalisaient. C'est ainsi qu'on s'égaya à la cour d'assises au récit de quiproquos plus amusants que des vaudevilles.

Un soir, Poussin et Boutonné s'étaient introduits dans une maison, rue des Abondances. N'y trouvant personne, comme ces deux messieurs aimaient à prendre leurs aises, ils s'installèrent confortablement pour passer la nuit, après avoir exploré la maison en tous sens et fait quelques petits paquets. La bande, en effet, pratiquait religieusement le principe anarchiste de la prise au tas, et chacun travaillait pour son propre compte ; cela empêchait les difficultés du partage.

Boutonné, entrant dans la chambre à coucher, et trouvant le lit fait, s'y était couché sans le moindre embarras et, pour ne pas manquer d'avoir l'heure à son réveil, il avait remonté la pendule. Il dormait les poings fermés, quand survint Poussin, qui, en amateur de la dive bouteille, remontait de la cave où il avait fait une longue station. Poussin fut d'abord effrayé d'entendre des ronflements, puis il s'approcha et reconnut son copain.

— Ah! fit-il, ce farceur de Boutonné! je vais lui jouer le tour de me coucher à ses côtés. Quelle tête il fera en s'éveillant!

A l'aube, ce furent tous deux qui firent une tête en voyant que les paquets qu'ils avaient préparés n'étaient plus là; jusqu'à la pendule laissée sur la cheminée, tout avait disparu.

Le chef de la bande, Guillaumat, dit la Volige, était venu pendant la nuit avec quelques autres affiliés, et, trouvant ses deux lieutenants endormis, plus sérieux qu'eux en affaires, il avait déguerpi lestement en enlevant les paquets, la pendule et tout ce qui lui était tombé dans la main... Le lendemain, le chef s'était fort amusé à blaguer ses subordonnés devant toute la bande réunie.

Cette bande avait commis un nombre de

vols vraiment extraordinaire. Elle était par-
venue, notamment, à dévaliser entièrement,
à Buzenval, la villa du commandant Henry.
Ils avaient pris pour quinze mille francs de
bijoux et d'argenterie.

Dans la maison du commandant Henry, il
se passa encore une scène vraiment épique.

Boutonné et ses hommes avaient envahi la
villa dans la nuit du 21 janvier. Ne pouvant
tout emporter dans un seul voyage, les malfaiteurs revinrent le lendemain. On peut juger
de leur stupéfaction, quand ils virent les
lustres de la salle à manger éclairés et, autour
de la table, Poussin et quelques camarades en
train de souper copieusement et de vider les
meilleures bouteilles du commandant.

Boutonné, furieux, en vertu du droit du
premier occupant, ordonna à son camarade de
lui céder la place. Poussin répondit par le mot
de Cambronne à la bataille de Waterloo.

Alors, les deux bandes sautèrent sur les
armes accrochées aux murailles, les sabres,
les épées, les vieilles colichemardes, et pen-
-dant quelques minutes s'engagea un combat
digne des chevaliers de la Table-Ronde.

Déjà, le sang coulait des deux côtés, quand Poussin demanda à parlementer. Il fit observer que le butin était assez riche pour qu'on se le partageât. Sa proposition fut acceptée d'enthousiasme ; tout le monde s'embrassa ; les blessés se pansèrent mutuellement et l'on trinqua fraternellement.

Tous ces misérables, réunis à des filles publiques de la plus vile catégorie, faisaient de larges bombances, car ils savaient prendre, partout, volailles, lapins et vins fins. Ce qui m'intéressa le plus, dans l'instruction de cette affaire, ce fut de pouvoir étudier de près le recrutement d'une association criminelle de ce genre, et cette étude, sur laquelle je reviendrai dans la troisième partie de cet ouvrage, est d'autant plus curieuse qu'elle explique comment il peut exister un monde spécial de criminels, et comment ceux qui y entrent une fois ne peuvent plus jamais en sortir.

L'année précédente, Poussin, qui avait été condamné une première fois pour vol avec effraction et portait déjà parmi ses codétenus le surnom du *Zouave,* sans doute parce

qu'il était resté longtemps maréchal des logis
de spahis, se trouvait à la prison de la Santé
dans l'atelier où l'on fabriquait les lanternes
en papier. A côté de lui était un jeune dé-
tenu blond nommé Boutonné, avec lequel il
se lia. Boutonné était un ancien élève de
l'École centrale, qui, au sortir même de
l'École, n'ayant pas de fortune, mais, en revanche, une fringale de plaisirs, s'était mis
à vivre d'expédients et d'escroqueries. Il finit
par échouer sur les bancs de la police correc-
tionnelle.

Tout près d'eux, était un troisième condamné pour qui la prison n'avait plus de
secrets, car, recéleur de profession, il avait
subi déjà plusieurs condamnations.

Cet individu, nommé M....., trouva le
moyen d'engager, avec Poussin et Boutonné,
une de ces conversations à voix sourde que
les prisonniers savent avoir, sans donner
l'éveil aux gardiens. Leurs peines finissaient
presque à la même époque; ils firent des projets d'avenir... et l'avenir, pour eux, ne pouvait être que le vol.

Car voici le plus terrible danger de la société

moderne, peut-être. La prison, maintenant, retranche un homme de la vie ordinaire, plus encore, s'il est possible, qu'autrefois. Elles sont rares les maisons où l'on peut entrer sans montrer son casier judiciaire. Plus rares encore, celles qui acceptent le travail d'un malheureux flétri par une condamnation.

On a tenté de faire quelque chose dans cet ordre d'idées, mais on n'a rien fait de bien sérieux. Et cependant, la situation est grave, quand on songe qu'il passe chaque année, près de 200,000 individus dans les prisons de France. L'armée du crime, dont il est si souvent question dans les livres, il n'est pas difficile de voir comment s'en fait le recrutement obligatoire !

M....., le vieux récidiviste, n'eut pas grand'-peine à s'entendre avec Poussin et Boutonné, et quand il leur proposa d'organiser une bande pour dévaliser la banlieue de Paris, ils acceptèrent avec joie... Une fois sortis de prison, tous trois se retrouvèrent, et le recrutement de la bande se fit à peu près de la même façon que, jadis celui des sergents recruteurs.

Ce fut dans les cabarets des environs de la place Maubert que M....., enrôla quelques vieux complices, jadis condamnés avec lui, puis des maçons qu'une grève mettait sans ouvrage.

Je n'avais pas encore été à même de m'occuper d'anarchie ; néanmoins, je fus surpris du caractère particulier des réponses de certains affiliés de cette bande, et de la façon dont un des principaux, nommé Gallicher, recrutait des camarades.

— Ce sont les riches qui sont les voleurs, disait-il, et nous ne faisons qu'user de notre droit en leur reprenant ce qu'ils ont pris.

Tels étaient à peu près les arguments dont Gallicher se servait pour décider des ouvriers exaltés par des prédications révolutionnaires à s'associer pour voler.

N'est-il pas étrange que les philosophes, les sociologues qui se passionnent pour des problèmes qu'il est bien plus difficile de résoudre, ne comprennent pas que là est le danger le plus immédiat?

Combien de volontés fermes, de courages indomptables, d'intelligences alertes sont perdus pour la société par ce recrutement incessant de l'association criminelle! Et combien, sans doute, reviendraient facilement au bien et rendraient d'immenses services, s'il était possible de leur permettre de s'évader du vice!

Il y avait plusieurs années que j'étais chef de la Sûreté, quand on m'amena un individu pris en flagrant délit de vol au Louvre. Il avait le visage hâlé, fatigué, et une allure étrange qui me frappa tout de suite.

Cependant l'homme, qui avait été pris en flagrant délit au moment où il glissait des dentelles dans sa poche, niait contre toute évidence. Enfin, il donnait un faux état civil, refusant même d'indiquer son domicile.

Ce qui me frappait en lui, c'était sa tournure quasi-élégante, et en même temps des formules de langage tout à fait prétentieuses qui indiquaient bien en lui un voleur de profession... A mesure qu'il parlait, je réfléchissais, et peu à peu la mémoire me revenait.

—Allons, interrompis-je au moment où il racontait sur sa famille je ne sais plus quel boniment, c'est inutile, mon garçon, de continuer vos histoires; je vous connais, puisque c'est moi qui vous ai fait condamner. Vous êtes Lafont dit Lelong.

En effet c'était bien le chef de la bande des voleurs de mercerie.

Le malheureux, alors, s'écroula sur une chaise, en disant :

— Je suis perdu.

Il n'essaya plus de nier, et alors il me raconta comment il s'était évadé de Cayenne, et les souffrances sans nombre qu'il avait endurées pour... en arriver à se faire prendre de nouveau au magasin du Louvre.

Ce récit était effroyable. Lafont, après s'être échappé du bagne, était tombé entre les mains des Indiens Gallibis qui voulaient le ramener au pénitencier, afin de toucher la prime. Il lui avait fallu, pour les en empêcher, se faire leur esclave. Puis, il s'était encore échappé de ce nouveau bagne, plus effroyable s'il est possible que l'autre. Alors, il s'était jeté presque nu, sans autre arme qu'un couteau, dans la forêt vierge.

Quelle torture que ce voyage sans fin où il ne fallait point dormir pour ne pas être mangé par les crabes, où c'était la lutte incessante contre les fauves, les reptiles, les éléments, la lutte pour la vie..., enfin, et la lutte sans trêve ni merci. Cette fois, le mot avait une justesse absolue, car il fallait qu'un être humain eût une énergie dépassant les forces ordinaires pour ne s'être pas laissé tomber épuisé, sous les lianes, en attendant la mort.

— Maintenant, je suis tout à fait perdu, reprit Lafont, quand il eut achevé son récit. Je vais retourner là-bas. J'y mourrai. On ne recommence pas deux fois ce que j'ai fait.

Je lui demandai pourquoi il était venu ainsi se faire prendre bêtement en flagrant délit de vol, dans un magasin.

— Que voulez-vous, dit-il, il fallait bien vivre; je n'avais pas d'autre ressource que le vol.

Et ils sont tous comme cela!

Il faut que toutes les histoires de bandes aient des côtés particulièrement romanesques. L'histoire de Poussin et Boutonné, qui fourmillait d'incidents curieux, eut un épilogue théâtral.

Ils furent arrêtés sur les dénonciations de leurs camarades, dans les environs du Mans, au moment où tous deux, à l'aide de faux papiers, se préparaient à se marier pour faire une fin et devenir des bourgeois cossus.

L'un allait épouser une fermière fort à son aise ; l'autre, une maîtresse d'hôtel fort jolie, et très riche. Il y eut même une scène de larmes et d'évanouissement, dans laquelle les deux fiancées voulurent arracher les yeux aux gendarmes.

Mais je veux passer rapidement sur toutes les affaires que je commençai à instruire pendant que je n'étais que sous-chef de la Sûreté, et sur lesquelles je reviendrai quand je raconterai ce que je fis lorsque j'assumai, entière, la responsabilité du service. Ici, je ne veux montrer que les enseignements de choses que je recevais chaque jour.

A côté de cette étude du monde criminel, j'apprenais, ainsi, tout ce qu'il était nécessaire de connaître du monde parisien, de ses petits mystères, de ses hypocrisies, de ses faux enthousiasmes et de sa fausse moralité.

Je me souviens que je fus fort embarrassé quand M. Taylor me chargea de faire une enquête sur le prétendu enlèvement d'une jeune femme de la colonie espagnole qui, en plein jour, disait-on, avait été jetée dans une voiture, place de l'Arc-de-Triomphe, et entraînée vers une destination inconnue.

Tout Paris se passionna pendant des semaines pour ce roman, qui, comme tous les romans, mettait en jeu autre chose que des questions de sentiment.

Il y avait une grosse dot qu'un tuteur ne voulait point abandonner, et que le ravisseur ne voulait point lui laisser.

Au fond, c'était le ravisseur qui avait la meilleure situation, car la jeune femme était jolie, et il était incontestable qu'elle l'aimait. Ce fut lui, du reste, qui finit par gagner la partie, et avec justice, car je ne pouvais m'empêcher de trouver étrange l'attitude de ce tuteur qui, au lieu de forcer le ravisseur à rendre l'honneur à sa pupille, en l'épousant, ne songeait, tout au contraire, qu'à empêcher le mariage. Ce fut pourtant l'épilogue obligatoire.

Rosine épousa Almaviva et Bartholo en fut pour sa courte honte.

Ainsi finit l'affaire dite du *Club des Pannés*, qui me donna l'occasion d'apprendre la toute-puissance de l'argent.

Tant que le résultat resta indécis, que le mariage, quoique consommé, ne fut point officiel, le tuteur trouva une foule de gens pour flétrir le ravisseur.

Quand le mariage fut un fait accompli, le ravisseur, devenu l'époux, trouva chez les mêmes individus un zèle égal pour célébrer ses mérites. Il est, depuis, devenu un personnage important, et l'on m'a affirmé que la jeune Espagnole est la plus heureuse des femmes.

J'eus bientôt une autre occasion d'observer la psychologie féminine dans un drame bien parisien, comme disent les chroniqueurs.

Un jeune homme qui occupait une grande situation dans une usine des environs de Paris fut trouvé sur une route, le crâne fracassé. Quelques pas plus loin, des paysans arrêtèrent le cheval qu'il montait et qui s'était emballé.

On crut tout d'abord à un accident, mais à la suite d'une dénonciation, une perquisition fut opérée au domicile du mort, où l'on trouva une lettre dans laquelle il s'accusait d'avoir commis des détournements importants au préjudice de ses patrons et déclarait que, ne voulant pas survivre à son déshonneur, il allait se tuer.

« Mais, ajoutait-il, je ne veux pas compromettre le nom de ma famille dans le scandale d'un suicide, et je donnerai à ma mort l'apparence d'un accident... »

Il avait fallu une énergie singulière à ce malheureux, pour accomplir jusqu'au bout sa terrible résolution.

Il possédait un cheval qu'il savait avoir peur du chemin de fer. Il l'amena jusqu'à un pont, à l'heure où passait un train... L'animal, affolé, s'emballa et vint le jeter contre un mur où le désespéré vint se briser la tête... Mais une enquête judiciaire avait été ouverte à la suite de la découverte du détournement.

Ce jeune homme avait pris 40,000 francs dans la caisse de ceux qui l'employaient.

Comment les avait-il dépensés !

On savait qu'il avait une maîtresse très élégante et qui lui coûtait beaucoup d'argent. Je fus chargé, par le juge d'instruction, d'arrêter cette jeune femme qui appartenait au monde des théâtres, et avait joué avec succès dans une ville du Midi.

... C'était une superbe créature, grande, bien faite, dont le sourire avait un charme infini... Je la reconnus tout de suite pour l'avoir déjà vue chez M. Clément, alors que j'étais secrétaire du commissaire aux délégations judiciaires. Elle avait été alors l'héroïne d'une comédie dont j'avais gardé le souvenir bien précis, car cette histoire avait été pour moi comme la première révélation des mystères de la vie parisienne.

Cette jolie fille n'était alors qu'élève au Conservatoire, et un personnage occupant une situation politique s'était épris follement de ses charmes. Le pauvre garçon, qui d'ailleurs était fort riche, s'entêta d'autant plus que la résistance était plus énergique. Enfin, un jour, ou plutôt un soir, il crut être parvenu au comble de ses vœux. On lui fit signer des billets pour une somme considérable, et la jeune ingénue lui promit solennellement de venir dîner avec lui dans un restaurant de la rive gauche.

Elle tint parole, et fut charmante pendant

tout le repas ; mais, au dessert, quand l'homme, très énamouré, réclama... la valeur de ses billets, l'apprentie comédienne s'esquiva adroitement, et ce fut sa mère qui, tout à coup, vint s'offrir en holocauste...

La dame, paraît-il, avait de beaux restes, et l'amoureux de sa fille une fringale telle que, faute d'une jeune grive, il prit la vieille poule...

Seulement, quand il s'était agi de payer les billets, son ardeur s'étant calmée, il avait sollicité de la préfecture de police une intervention... et M. Clément avait été chargé de mener à bien une transaction... basée sans doute sur une tromperie évidente sur la qualité de la marchandise livrée.

Comédienne dans la vie comme au théâtre, l'ancienne élève du Conservatoire avait montré toujours le même appétit, et non seulement elle avait mangé au malheureux suicidé toutes les sommes qu'il avait détournées, mais encore elle l'avait beaucoup trompé, et c'était à la suite d'une scène terrible que le jeune homme avait résolu de se tuer.

En effet, une observation un peu longue des suicides donne cette conviction, qu'il est bien rare qu'un malheureux se décide à quitter la vie pour une seule raison... Les désespoirs tragiques sont presque toujours faits d'une réunion de causes différentes... Ce malheureux se serait tué peut-être quelques jours plus tard, pour échapper à la honte d'une arrestation, mais il ne se serait pas tué ce jour-là si la femme qu'il aimait, pour l'amour de laquelle il était devenu criminel, ne lui avait avoué cyniquement, dans une querelle, qu'elle le trompait ; c'était la dernière goutte qui avait fait déborder le vase d'amertume...

Alors, la nécessité d'une fin immédiate était apparue au jeune homme ; il avait fait seller son cheval et il était parti pour la mort...

Cette scène qui avait précédé le suicide avait dû être d'une violence inouïe, et la jeune actrice avait elle-même compris qu'elle était allée trop loin. Je saisis chez le suicidé une lettre qu'elle avait envoyée quand le pauvre garçon était déjà parti, une lettre qu'il n'a jamais lue et que voici :

« Mon Edouard adoré, viens. J'ai été méchante. Je me repens. Pardon.

» Signé : MARIE. »

(Vendredi.)

Le repentir était tardif, car ce ne fut qu'un cadavre qu'on ramena.

L'arrestation de la jeune femme ne fut d'ailleurs que de pure forme. Il était évident qu'elle avait profité des sommes détournées, mais il était certain aussi que le malheureux garçon, qui en était arrivé à ce point de folie par amour d'elle, s'était bien gardé de lui dire comment il se procurait l'argent qu'il lui donnait. Elle fut remise en liberté, et depuis, je ne l'ai jamais revue.

Mais cette femme était en quelque sorte une entité : celle de la corruption féminine. Il se dégageait d'elle je ne sais quel charme troublant qui faisait comprendre son pouvoir de sirène.

C'était encore un des côtés de la vie parisienne nécessaire à connaître, que j'étais appelé à pénétrer. Je compris la vérité de cette formule, tant de fois raillée, « la femme fatale », la femme qui semble avoir la spécialité de conduire jusqu'au crime ou jusqu'à la mort les malheureux qui, comme des alouettes, viennent se faire prendre dans le miroir de ses yeux.

Mais une affaire d'un genre tout nouveau, l'affaire Duval, me ramena à d'autres observations et me révéla l'existence d'un mouvement révolutionnaire particulier et que, certes, jusqu'alors, j'étais bien loin de soupçonner.

CHAPITRE VII

L'ANARCHISTE DUVAL

La veille même de mon entrée à la Sûreté comme sous-chef, une balayeuse, rue de Monceau, avait aperçu, vers cinq heures du matin, une fumée intense qui s'échappait d'une des fenêtres d'un hôtel particulier. Elle sonna et avertit le concierge, qui éteignit un commencement d'incendie et trouva des bidons d'essence répandus sur le parquet. Une lanterne sourde avait été oubliée et tous les meubles avaient été fracturés. Il n'était pas douteux que la maison avait été mise au pillage par des malfaiteurs, dont on retrouva, d'ailleurs, les traces sur le mur de clôture qu'ils avaient escaladé.

Cet hôtel appartenait à madame Herbelin, la tante d'une artiste célèbre, madame Madeleine Lemaire, qui y demeurait avec elle. Toutes deux avaient été volées d'environ 15,000 francs de bijoux, mais les dévaliseurs n'avaient trouvé que peu ou point d'argent. Ce fut une des premières affaires dont j'entendis parler à mon entrée dans le service, et je me souviens que le voleur fut trouvé grâce à l'*Office Azur*, qui, comme on sait, publie la description minutieuse des bijoux perdus ou volés et fait parvenir cette description à tous les bijoutiers.

Un beau soir, un bijoutier de la rue Tronchet arrivait à la Sûreté nous prévenir qu'on était venu lui offrir des bijoux correspondant à la description faite par l'*Agence Azur* des bijoux volés à madame Madeleine Lemaire.

On arrêta l'individu, qui avait essayé de vendre un médaillon en forme de croissant et des débris d'épingles. On retrouva la trace des deux autres individus qui lui avaient remis les bijoux. Ceux-ci furent arrêtés à leur tour.

Ils racontèrent que c'était un nommé Duval, qu'ils avaient connu dans une espèce de club socialiste portant ce nom de vaudeville : « La Panthère des Batignolles », qui les avait priés de vendre ces bijoux, prétendant les avoir trouvés dans la rue.

On recherchait en vain Duval, quand, le 17 octobre, M. Taylor, accompagné de plusieurs agents, parmi lesquels étaient Rossignol et Pelletier, vint faire une perquisition, rue Legendre, au domicile d'un des individus arrêtés.

M. Taylor était en train de procéder à cette perquisition, lorsqu'un gamin vint frapper à la porte et demander à la maîtresse de l'individu chez lequel on perquisitionnait de vouloir bien descendre un instant, attendu qu'on la demandait.

M. Taylor fit un signe à Rossignol qui descendit avec Pelletier derrière la femme. Ils aperçurent un homme qui, en les voyant, se hâta de s'en aller en pressant le pas, sans pourtant courir.

— Mais, c'est Duval! dit la femme.

Sur ce mot, les deux agents s'élancèrent à la poursuite de l'individu.

Rossignol rejoignit Duval le premier et lui dit : « Le chef de la Sûreté vous demande ; venez donc lui parler. »

Sans répondre, l'homme leva brusquement le bras et frappa Rossignol de deux coups de poignard.

Rossignol blessé, perdant son sang, tomba, mais il avait saisi Duval par le bras et l'entraîna dans sa chute. Duval, pour se dégager, porta à l'agent plusieurs autres coups de poignard et Rossignol ne put désarmer le forcené qu'en lui mordant violemment la main. Au même instant, Pelletier arrivait et saisit Duval à bras le corps ; le meurtrier fut maintenu jusqu'à l'arrivée de deux gardiens de la paix qui se saisirent de lui pendant qu'on emportait évanoui, chez un pharmacien, le malheureux Rossignol. Là, des soins empressés lui furent prodigués. Le médecin constata que le courageux agent avait reçu huit coups de poignard, dont un, porté au côté gauche du cou, aurait pu occasionner la mort, s'il n'avait été amorti par l'épaisseur de quatre vêtements superposés.

Comme il était naturel, cet événement causa

une certaine émotion au service, mais on n'avait considéré le meurtrier que comme un malfaiteur très vulgaire, quand, trois jours après, M. Taylor me montra une lettre que Duval avait écrite de Mazas à M. Atthalin, le juge d'instruction chargé de son affaire. Voici ce curieux document :

« Mazas, ce 21 octobre 86.

» *A Monsieur le juge d'instruction.*

» Monsieur,

» Sur ma feuille d'écrou à Mazas, je vois écrit : tentative de meurtre ; moi, au contraire, je crois que j'étais en état de légitime défense. Il est vrai que nous n'envisageons pas cela, vous et moi, de la même manière, étant donné que je suis anarchiste ou plutôt, partisan de l'anarchie, car je ne puis être anarchiste dans la société actuelle ; de ce fait, je ne reconnais donc pas la loi, sachant par l'expérience que la loi est une prostituée que l'on manie, comme bon semble, à l'avantage ou au détriment de tel ou tel, de telle ou telle classe. Donc, si j'ai frappé le brigadier Rossignol,

c'est qu'il s'est jeté sur moi au nom de la loi.
Au nom de la liberté, je l'ai frappé. Je suis
donc logique avec mes principes : loin de là à
une tentative de meurtre. Il est temps aussi
que les agents changent de rôle. Plutôt que
d'arrêter les volés, qu'ils arrêtent les voleurs.

» Recevez, monsieur, l'assurance de mes
sentiments révolutionnaires.

» CLÉMENT DUVAL.

» Mazas, 6e division, N° 52. »

On ne s'occupait pas encore beaucoup d'a-
narchie à la préfecture de police ; on y croyait
peu, surtout, sachant le rôle équivoqué de
certains soi-disant révolutionnaires comme
ceux, par exemple, qui avaient essayé de faire
sauter la statue de M. Thiers à Saint-Ger-
main.

— L'anarchie, c'est une nouvelle pose chez
les bandits, entendais-je dire autour de moi ;
ce Duval est un vulgaire voleur et un vulgaire
assassin.

Cependant, je ne jugeai pas tout à fait les
choses de la même façon ; j'avais eu bien sou-

vent d'ardentes discussions avec des camarades de jeunesse qui, dans l'ardeur de leurs esprits enthousiastes, s'étaient jetés au plus fort du mouvement révolutionnaire. Je fus frappé de retrouver dans cette lettre écrite à Mazas, par un cambrioleur, comme un écho vague des théories folles que j'avais entendues formuler par des fous, sans doute, mais des fous d'une loyauté et d'une honnêteté incontestables.

J'eus la curiosité de voir Duval, et je me le fis mener dans mon bureau un jour qu'on l'avait conduit à la Sûreté, avant que M. Atthalin l'interrogeât.

Je fus frappé de la physionomie étrange de cet homme.

Bien qu'il eût à peine trente-six ans, Duval, avec sa figure fatiguée, ses yeux hagards, sa moustache tombante, en paraissait bien davantage. On voyait qu'il avait éprouvé de grandes souffrances physiques.

J'avais entendu parler de l'anarchiste Gallo, qui avait injurié le président à la cour d'assises si violemment qu'il avait fallu renvoyer l'affaire à une autre session.

Je m'imaginais que Duval devait être, comme lui, une espèce d'énergumène avec lequel il serait difficile de parler.

Il s'assit tranquillement en face de moi et me dit : « Je hais vos agents, ce sont eux qui ont causé tous mes malheurs. Ils savaient que je faisais partie de la « Panthère », ils allaient demander des renseignements sur moi partout... Ils m'ont fait mettre à la porte par tous mes patrons. »

Je le fixai comme j'avais l'habitude de fixer tous les prévenus que j'interrogeais, et je vis le regard de Duval s'arrêter sur moi, avec une persistance étrange.

— Vous ne me ferez pas baisser les yeux, continua-t-il ; un anarchiste ne baisse pas les yeux devant un commissaire de police !

» Car je ne suis pas un voleur — les voleurs, ce sont les riches. La nature, en créant l'homme, lui donne le droit à l'existence. Si donc la société ne lui fournit pas de quoi subsister, l'être humain peut légitimement prendre son nécessaire là où il y a du superflu. C'est ce que j'ai fait. Quand je passerai devant les jurés, ils s'apercevront bien vite qu'ils ont devant eux non pas un malfaiteur, mais bien un anarchiste convaincu ayant commis par principe les prétendus crimes qu'on lui reproche. »

Duval parlait avec une sorte d'âpreté, mais sans violence. Il parlait aussi avec un choix curieux des mots, et une facilité d'élocution qui lui venait sans doute de l'habitude qu'il avait de prendre la parole aux réunions de la « Panthère des Batignolles » et des « Déshérités de Clichy », les deux groupes anarchistes qu'il fréquentait particulièrement.

Ce fut avec une certaine emphase, ayant l'air de réciter des phrases apprises par cœur, qu'il me dit avec force gestes :

— Je sais bien que vous me ferez condamner. Vous êtes la force, profitez-en. S'il vous faut une tête d'anarchiste, prenez la mienne. Le jour de la grande liquidation est proche, et j'espère que ce jour-là les anarchistes seront à la hauteur de leur mission. Ils vous feront sauter. Vous sauterez aussi, reprit-il, voyant que je souriais.

— Voyons, mon ami, lui répondis-je avec une bonne humeur qui l'arrêta, tout cela est du verbiage, et n'empêche que vous ne vous soyez introduit, la nuit, dans une maison habitée, pour voler.

— Le vol, me répondit Duval avec mépris, n'existe que dans l'exploitation de l'homme par l'homme. Ce n'est pas un vol que j'ai commis, c'est une légère restitution que je me suis accordée au nom de l'humanité...

— Cependant, que vouliez-vous donc faire du produit de votre vol?

— Je voulais aider les compagnons à délivrer l'humanité. Je voulais restituer au peuple l'argent des exploiteurs, pour lui permettre de faire sauter ses maîtres. Oui, vous verrez cela bientôt... vous en avez entendu déjà parler... la propagande par le fait.

— Allons, fis-je goguenard, racontez cela aux jurés si vous voulez, mais à moi?...

Duval regimba sous l'injure.

— Apprenez, me dit-il, que je ne suis pas un voleur, mais un justicier... Je n'ai qu'un regret, c'est d'être tombé ainsi entre vos mains et de ne pouvoir assouvir la haine implacable que j'ai vouée à votre infâme société. Mais après moi, il en reste d'autres qui feront tout sauter. Ce qu'il faut donner au peuple, c'est des livres de chimie!

Un magistrat qui instruit minutieusement une affaire doit laisser le prévenu divaguer à son aise ; mais il vient un moment où il faut le rappeler à la réalité des choses.

— Voyons, Duval, lui dis-je, maintenant que je vous ai donné occasion d'exercer un peu vos talents oratoires, rendez-moi le service de me raconter par le détail le vol de la rue de Monceau.

— J'avais combiné ce coup avec Turquais...

— Qu'est-ce que Turquais? fis-je.

— Turquais, reprit imperturbablement Duval, c'est un anarchiste comme moi. Nous nous sommes connus dans les réunions ; un soir, en sortant d'un club, nous nous sommes mis à causer. Il était comme moi d'avis qu'on doit s'attaquer aux coffres-forts des parasites qui possèdent. C'est un pur hasard qui nous a fait choisir l'hôtel de madame Lemaire... Nous avions vu un hôtel somptueux, nous pensions que nous y trouverions beaucoup d'argent... Turquais a grimpé au bec de gaz, il est entré dans la maison, et il m'a ouvert une fenêtre du rez-de-chaussée. Après avoir tout fracturé, nous n'avons trouvé que soixante-deux francs d'argent et des bijoux... C'est Turquais qui, au moment où nous sortions, apercevant un bidon plein d'essence, s'écria : « Si nous mettions le feu avant de partir? » Je n'étais pas de cet avis, parce que je craignais que cela compromît notre retraite ; mais Turquais me dit : « Tu n'es donc pas un véritable anarchiste ? — Si, répondis-je, j'en suis un et convaincu ; mais à quoi bon brûler ces hôtels qui, au jour de la grande révolution, serviront à abriter le peuple des travailleurs ? »

Ce fut la seule entrevue que j'eus avec Duval.

Mais si je m'abstins de suivre l'enquête judiciaire, je ne cessai de m'intéresser à cette affaire ; et le 12 janvier, lorsque son procès vint devant la cour d'assises, j'y assistai. M. Onfroy de Bréville, le président, qui était un magistrat fort aimable, m'avait fait donner une place derrière son siège.

Ce que fut cette audience, combien s'en souviennent aujourd'hui?

Pourtant il s'y produisit la première affirmation audacieuse et publique de la théorie de
la propagande par le fait, et il est permis de
dire que ce fut le point initial de tout ce mouvement violent dont l'assassinat de M. Carnot
a été, à la fois, le point culminant et la fin.

Duval avait une aisance d'orateur sur le
banc des accusés, entre les deux gardes de
Paris qui l'écoutaient avec stupéfaction. L'interrogatoire fut épique.

— Pourquoi avez-vous mis le feu? demande
le président.

Duval répond :

— Je ne sais pas; peut-être Turquais en
voulait-il à quelqu'un de la maison. Peut-être
a-t-il cru, et je ne l'en blâme pas, faire acte
de justice sociale. C'est le forçat du travail
qui incendie son bagne; c'est le soldat qui
brûle sa caserne, parce que c'est un asile de
fainéantise. Je voudrais, à la lueur des torches,
voir les palais des capitalistes, les casernes,
les couvents former un immense autodafé :

Et le dialogue continue pendant toute l'audience à peu près sur ce ton.

DUVAL. — J'ai frappé Rossignol, il est tombé, et je ne regrette qu'une chose, c'est que la bordure du trottoir m'ait fait tomber. Sans cela, jamais on ne m'aurait arrêté vivant. Jamais vos mercenaires n'auraient mis la main sur moi. Je suis un révolté. J'ai le droit de l'être! J'ai le devoir de l'être!

LE PRÉSIDENT. — Tout cela, ce sont des phrases. M. l'avocat général vous dira que vous êtes un vulgaire voleur.

DUVAL. — Un voleur, je vais vous dire ce que c'est! C'est celui qui vit de l'exploitation des autres. Ce que j'ai fait, je ne l'appelle pas un vol, mais une restitution.

LE PRÉSIDENT. — On vous signale comme un paresseux, ne travaillant jamais?

DUVAL. — Travailler? Ah! j'en ai assez de travailler pour des bandits!

LE PRÉSIDENT. — Comme soldat, votre conduite n'a pas été meilleure. Vous avez été cassé de votre grade de caporal!

DUVAL. — Parce que, pas plus à cette époque qu'aujourd'hui, je ne me reconnaissais d'autorité. J'ai été puni parce que je ne me reconnaissais pas le droit de punir les autres.

Le président. — Vous avez été condamné pour vol?

Duval. — Je vous défends...

M. Onfroy de Bréville se fâche. Duval se tait un instant, mais bientôt il recommence.

Le président. — Vous occupez vos loisirs à fabriquer des poignards pour tuer les agents.

Duval. — Oui, et je m'en vante. Il est temps que cela finisse. L'heure de la révolution a sonné. Ce sont les petits joujoux avec lesquels nous vous ferons danser la *Carmagnole*.

Je sortis de cette audience stupéfait de l'audace de Duval et profondément troublé de voir de semblables théories s'affirmer ainsi publiquement. Une seule chose m'avait fait plaisir, la déposition simple et modeste de Rossignol, qui, avec cette générosité qu'on retrouve chez presque tous les agents de la Sûreté, évitait avec soin de charger l'homme qu'il avait arrêté, le vaincu.

La voici, du reste, empruntée à la *Gazette des Tribunaux*.

— Gustave Rossignol, quarante ans, brigadier à la Sûreté :

« Le 17 octobre, j'assistais M. Taylor dans une perquisition faite chez Didier, quand un gamin de douze ans est venu dire qu'on demandait Didier en bas. J'ai tout de suite pensé que ce pouvait être Duval, j'ai suivi l'enfant avec la femme Didier. Nous avons vu deux individus, et la femme Didier m'a dit que l'un d'eux était Duval. Je me suis avancé vers lui et je lui ai dit : « Vous êtes Duval? » Il m'a répondu : « Oui. » J'ai alors simplement ajouté : « Le chef de la Sûreté désirerait vous parler. » Je n'en ai pas dit davantage; il s'est jeté sur moi et m'a porté plusieurs coups de poignard. Je l'ai mordu au pouce pour faire tomber l'arme, pas fort, de crainte de lui faire mal. A ce moment, il m'a porté la main sur la figure, m'a mis son doigt dans l'œil, ce qui m'a occasionné une vive douleur. Il m'a encore porté plusieurs coups de poignard.

L'ACCUSÉ DUVAL. — Je demanderai au brigadier Rossignol s'il croit, comme le dit l'instruction, que je lui mis volontairement mon doigt dans l'œil.

LE TÉMOIN. — Je ne le crois pas. Il m'a mis la main sur la figure pour m'empêcher de le désarmer, mais je ne crois pas qu'il voulût me faire mal. »

Et pour la première fois je fis une remarque que j'ai dû refaire depuis bien souvent. Ce Duval, qui regardait Rossignol avec des yeux farouches, des yeux de fauve, qui ne parlait des « mouchards » qu'avec une haine implacable, disant qu'ils venaient à chaque instant chez ses patrons et qu'ils l'avaient empêché de trouver du travail, Duval, comme beaucoup d'autres, confondait les agents politiques qui surveillent les anarchistes et tous les partis d'opposition avec l'agent de la Sûreté qui n'a pas d'autre mission que celle d'arrêter les voleurs et les assassins.

Duval, d'ailleurs, confondait les agents de la Sûreté non seulement avec ceux des brigades politiques, mais encore avec les indicateurs ou auxiliaires qui s'introduisent dans les réunions et dans les comités pour savoir ce qui s'y passe.

Il n'ignorait pas, ainsi que je l'avais compris quand je l'avais interrogé dans mon cabinet, que parfois ces indicateurs sont aussi des provocateurs... afin de justifier les gratifications et les émoluments qu'ils touchent. Je l'ai déjà dit et je l'expliquerai plus complètement dans la dernière partie de cet ouvrage, l'indicateur, à un moment déterminé, devient presque fatalement un provocateur. — En matière d'anarchie, le provocateur est particulièrement dangereux ; c'est lui qui toujours crie plus fort que les autres et a les motions les plus sanguinaires à proposer à la réunion publique... Je ne veux ici citer qu'un souvenir :

Un matin, j'allai, sur les hauteurs de Montmartre, arrêter un sieur L..., qui avait commis un vol quelconque. J'entre dans le galetas qu'il habitait et suis accueilli par un cri formidable de :

— Vive l'anarchie !

Un instant, je reste stupéfait, car le vol très vulgaire commis par L... n'avait rien à faire avec l'anarchie, même celle de Duval... Je commence sans répondre ma perquisition.

— Vive l'anarchie n.. d. D...! reprend le gaillard avec une belle voix de baryton.

Cela commençait à m'agacer. Je m'avançai vers lui brusquement et, le regardant bien dans les yeux, lui dis avec brutalité :

— Allons ! assez d'anarchie comme cela ! A quelle brigade émargez-vous ?

L'homme me regarda, et après une seconde d'hésitation :

— A la Xe, parbleu ! fit-il avec un geste rassuré.

Il s'imaginait sans doute qu'il avait bien joué son rôle, et que peut-être j'allais lui faire donner une gratification ! Sa seule récompense fut le Dépôt. J'ai toujours été sans pitié pour les agents provocateurs.

Tous mes prédécesseurs, M. Macé notamment, ont eu le souci de ne point laisser confondre leurs agents avec les agents politiques : Tant que je suis resté à la Sûreté, j'ai toujours eu de la répugnance à laisser mon service s'occuper d'une affaire touchant à la politique. J'estime que le service de la Sûreté n'est pas fait pour surveiller et filer des députés ou des journalistes.

Je ne veux point, d'ailleurs, faire le moins du monde un réquisitoire contre la police politique. On m'a dit qu'elle était nécessaire autant que la police criminelle ; mais les aptitudes ne sont pas les mêmes.

L'agent de la Sûreté qui doit recueillir des preuves contre un voleur ou un assassin, ne doit pas se préoccuper de savoir s'il est conservateur ou révolutionnaire.

L'agent politique, au contraire, se préoccupe, avant tout, de savoir si l'homme qu'il surveille est l'ennemi ou l'ami du gouvernement.

Et cela est si vrai, que tout récemment, dans un voyage que j'ai fait dans une monarchie voisine, le gouverneur d'une province auquel j'avais demandé des renseignements sur la moralité d'un de ses administrés, me répondit :

— Je ne sais trop ce qu'il vaut.

Puis il ajouta avec un geste de souverain mépris :

— Tout ce que je sais, c'est que c'est un républicain.

L'audience du lendemain fut encore plus extraordinaire ; des témoins vinrent affirmer audacieusement que si Duval avait tenté de voler, *c'était pour la Révolution*. Duval voulut lire la défense qu'il avait écrite, le président s'y opposa ; il s'ensuivit un tumulte indescriptible, rappelant un peu les séances du tribunal révolutionnaire.

— Faites ce que vous voudrez, s'écria l'anarchiste, vous devez tous trembler sur vos tibias à la pensée de la révolution qui vous menace.

Puis, quand l'avocat général eut requis l'expulsion de l'accusé, cet entêté s'écria encore :

— Vive l'anarchie ! Vive la Révolution sociale ! Ah ! si jamais je redevenais libre, je vous ferais sauter ! Et c'était à vous faire sauter qu'il était destiné, cet argent-là !

Une quinzaine d'hommes et de femmes se levèrent alors dans le fond de la salle, et crièrent, à leur tour : Vive l'anarchie ! Il fallut, pour rétablir l'ordre, que des gardes de Paris entrassent, la baïonnette au canon, et l'on avait dû faire évacuer la salle, quand, en l'absence de Duval, la cour prononça la condamnation à mort de l'anarchiste cambrioleur.

Il ne fut pas exécuté. M. Grévy et la commission des grâces comprirent que, comme il n'y avait pas eu mort d'homme, que Rossignol était bien vivant, malgré le coup de poinard qu'il avait reçu, il serait mauvais de se départir de l'usage, et de laisser exécuter un homme qui n'avait pas tué.

Peut-être a-t-ou eu tort de ne pas toujours imiter cette sagesse?

Je me suis longuement arrêté sur cette affaire, beaucoup plus longuement, certes, que je ne m'arrêterai sur aucune autre affaire anarchiste, parce qu'elle frappa vivement mon imagination, qu'elle est aujourd'hui très oubliée et qu'elle fut la première affirmation audacieuse mais raisonnée d'une nouvelle doctrine politique, doctrine que le soir même je résumais ainsi :

« Enrégimenter dans un parti les milliers et les milliers d'individus qui, tous les ans, sortent de prison. » Je ne veux point me donner les gants d'avoir été bon prophète et d'avoir prévu toutes les conséquences du mouvement anarchiste. Je me vanterais bien à tort d'une prescience que je n'eus point.

Mais j'eus comme le pressentiment du danger. Je compris qu'une force destructive se révélait et je me demandai quelle serait la meilleure barrière à lui opposer?

Cependant, alors, j'avais une foi inébranlable en la solidité de la société...

Il ne me restait plus à apprendre, pour achever mon éducation de policier, que la façon dont une autre anarchie, plus dangereuse que celle de Duval, se montrait tout à coup, dans le gouvernement lui-même.

CHAPITRE VIII

L'AFFAIRE DITE DES DÉCORATIONS
LE ROLE HISTORIQUE DE MADAME LIMOUZIN

Le 29 septembre 1887, M. Taylor étant malade, j'avais la direction de toute la Sûreté.

J'allai, comme tous les matins, au rapport chez le préfet. M. Gragnon me dit :

— J'ai une mission importante à vous confier.

Hier soir, continua-t-il, un peu avant minuit, je travaillais dans mon cabinet, quand on vint m'avertir qu'une personne désirait me voir pour une affaire d'une extrême importance. En même temps, on me passait la carte que voici : M. X..., directeur de l'agence de publicité.., rue... J'ordonnai d'introduire ce Monsieur, qui, s'excusant de venir me déranger aussi tard, me déclara qu'il croyait de son devoir de faire une dénonciation intéressant la sûreté de l'Etat. Il affirme qu'une dame Limouzin, demeurant 32, avenue de Wagram, se livre au trafic des décorations et, ce qui est bien plus grave, détient une partie des plans de mobilisation. D'après ce monsieur, qui prétend avoir vu ces documents intéressant la défense nationale, il suffira d'une perquisition pour les retrouver. Le dénonciateur, pour faire la preuve de ce qu'il avance, offre de présenter à madame Limousin l'agent que nous lui enverrons et qui se dira un industriel désirant la croix de la Légion d'honneur. M. X... affirme que cette femme lui promettra de le faire décorer moyennant le payement d'une somme de 25,000 francs. Il faut savoir ce qu'il peut y avoir d'exact dans cette dénonciation. Nous n'avons pas le droit de négliger une indication aussi précise, surtout quand il s'agit de la défense nationale.

Je n'avais qu'à m'incliner devant un ordre aussi clair et je demandai au préfet de me donner des instructions détaillées sur la façon dont je devais procéder.

Il fut convenu que je me tiendrais dans les environs de la maison et que, selon ce que me dirait l'agent qui accompagnerait M. X..., je ferais ou ne ferais pas une perquisition.

J'avoue que je trouvai la conduite du préfet toute simple et d'une correction absolue. Que n'aurait-on pas dit de lui le lendemain dans les journaux si le dénonciateur éconduit avait fait imprimer que le préfet de police avait refusé l'occasion de mettre la main sur une espionne ?

Ni M. Gragnon, ni moi, d'ailleurs, ne croyions beaucoup à la possibilité de la vente des décorations, mais il nous apparaissait, si la dénonciation était vraie, que cette femme était une intrigante dangereuse, se vantant faussement d'avoir des relations avec des personnages importants et sur laquelle il serait bon de mettre la main.

M. Gragnon me remit un mandat de perquisition, en vertu de l'article 10 du Code d'instruction criminelle. Au moment où je le quittai, le préfet me rappela à quel point il avait été attaqué injustement au sujet de l'affaire Aubanel. — Cet employé, moyennant 250 francs, avait donné au *Figaro* la primeur du plan de mobilisation du 17ᵉ corps. — La police, n'ayant reçu aucune plainte du ministre de la guerre, n'avait pas eu à rechercher M. Aubanel et les journaux d'opposition l'accusaient de l'avoir laissé partir pour la Belgique.

Comme je sortais de son cabinet, M. Gragnon me dit encore : « N'hésitez pas à faire la perquisition, si votre agent a vu quelque chose de louche. Je ne veux pas d'une autre affaire Aubanel. »

J'exécutai minutieusement le mandat que j'avais reçu.

Je choisis parmi mes hommes un agent intelligent, ayant à peu près la tournure d'un commerçant de province, et lui donnai l'ordre de se rendre chez madame Limouzin, en compagnie de M. X..., le dénonciateur. Il devait prendre le nom de Langlois, négociant à Roanne.

En même temps, j'allai me placer avec deux autres agents à la terrasse d'un café de l'avenue de Wagram, d'où il m'était possible de voir le numéro 32 de cette avenue.

Il était une heure et demie environ quand mon agent sortit seul de la maison de madame Limouzin et vint me retrouver.

Il me raconta en détail sa conversation.

Madame Limouzin lui avait répondu qu'elle était parfaitement à même de lui faire avoir la croix de la Légion d'honneur.

— Mon cher monsieur Langlois, lui avait-elle dit, ce sera tout simple. Il ne vous en coûtera que 25,000 francs. Du reste, pour vous couvrir, je vous donnerai, en garantie de la bonne exécution de mes engagements, des valeurs signées par le général A..., sénateur. Venez donc demain à midi, je vous mettrai en relation avec deux généraux qui vous confirmeront ce que je vous dis et qui, tous deux, ont leur part de la commission.

Mon agent ajouta qu'il avait vu avec stupéfaction, dans les mains de madame Limouzin, des lettres portant l'en-tête du ministère de la guerre.

Dans ces conditions, je n'avais pas à hésiter ; je n'avais qu'à exécuter les ordres de mon chef.

Je pénétrai dans l'appartement de madame Limouzin, accompagné de mes agents, à l'exception bien entendu du prétendu Langlois que je ne devais pas brûler.

Je me trouvai en présence d'une petite femme maigre, fardée, portant une perruque blonde et dont les yeux avaient une vivacité étrange.

Elle me reçut d'abord avec une politesse maniérée, souriant avec coquetterie, et, avec une volubilité extraordinaire, elle fit l'étalage des hautes relations qu'elle possédait.

J'entendis succéssivement les noms du général Thibaudin, du général Boulanger, du général C..., du général A..., de députés, de sénateurs.

En même temps, elle me présenta son mari, M. Limouzin, le type même du père noble, solennel dans sa cravate blanche et sa redingote noire, qui semblait tout ahuri, et ne pas savoir un mot des affaires de sa femme.

Mais, quand madame Limouzin vit que ses

beaux discours ne produisaient, sur moi, aucune émotion, elle changea d'attitude et devint ironique et insolente.

— Je vous ferai casser, monsieur, me dit-elle avec un toupet extraordinaire.

Je haussai les épaules et me contentai de faire ouvrir tous les tiroirs, notamment ceux d'une table placée au milieu du salon.

Je trouvai des lettres qui, pour la plupart, me semblèrent banales malgré les noms qui les avaient signées, car je savais par expérience que l'on trouvait partout, — chez les voleurs de profession aussi bien que chez les gardiens de la paix — des cartes et des lettres de députés.

Quel est le gendarme qui n'obtient pas l'apostille de son député pour sa demande d'entrée dans la gendarmerie? Quel est le voleur de marque qui ne sollicite pas la même apostille pour obtenir sa libération conditionnelle?

J'affirme, dût la réputation qu'on m'a faite de policier avisé en être compromise, que je ne fus frappé par le contenu d'aucune de ces lettres, même de celles du général Thibaudin, qui n'excédaient pas la naïveté de bien des missives trouvées par moi chez d'autres intrigantes que madame Limouzin...

Je laissai celle-ci se répandre en menaces et même en injures, et ne pensai nullement à l'arrêter pour outrages à un fonctionnaire dans l'exercice de ses fonctions.

Je n'ai jamais eu l'habitude d'aggraver le cas des malheureux que j'arrêtais, ou chez lesquels je perquisitionnais, par une accusation nouvelle.

Je trouvais qu'il était suffisant de leur répondre aussi vertement qu'ils parlaient. Je n'ai jamais fait poursuivre pour ce délit que les inculpés qui avaient la sottise de me menacer d'un revolver; j'y étais alors obligé pour ne pas compromettre le prestige du chef sur ses agents.

Néanmoins, j'avais un peu hâte d'échapper à ce torrent boueux.

Je mis dans ma serviette tous les papiers saisis et les portai à M. Gragnon. Il est certain que, dans cette précipitation, j'avais manqué à une prescription du Code d'instruction criminelle, laquelle, il est vrai, est rarement appliquée.

Le Code prescrit de coter et de parapher tous les papiers saisis, en présence des inculpés et même de toute personne chez qui la saisie a été opérée, et d'en faire immédiatement les scellés.

Dans la pratique, il est presque impossible au magistrat d'obéir à la loi. On peut faire encore aujourd'hui une visite au greffe criminel et l'on ne trouvera pas 10 pour 100 des dossiers dont les pièces aient été cotées et paraphées au moment de la saisie.

Il faudrait pour cela, non pas un, mais vingt ou trente chefs de la Sûreté. Encore ils n'y suffiraient pas.

Moi-même, malgré tous les ennuis que me causa cette fameuse perquisition Limouzin, il m'a été impossible dans la suite de coter et de parapher tous les papiers que j'ai saisis dans les différentes affaires criminelles que j'ai conduites.

Un chef de la Sûreté fait quelquefois jusqu'à vingt perquisitions par jour.

En sortant de chez madame Limouzin, je me hâtai d'aller porter tous les papiers que contenait ma serviette à M. le préfet de police et lui amenai l'agent qui avait joué le rôle du fameux Langlois.

M. Gragnon et moi, nous fûmes d'avis que cette audacieuse aventurière ne pouvait avoir des généraux véritables mêlés à ses louches négociations, et qu'elle mettrait simplement en relation avec le faux Langlois, qui disait arriver de Roanne et ne connaître personne à Paris, deux chevaliers d'industrie quelconques, qui ne pouvaient être tout au plus que des majors de table d'hôte.

Mon agent reçut donc l'ordre de se rendre chez madame Limouzin, mais seul, et de refuser au dénonciateur de se laisser cette fois accompagner par lui.

En même temps j'organisai une filature pour bien m'assurer que les prétendus généraux n'étaient que d'audacieux escrocs. Et, comme en réalité j'étais chargé par mon chef de mener à bien une affaire délicate, je retournai à mon café de l'avenue de Wagram, pour veiller sur les différentes opérations que j'avais organisées.

J'avoue que je fus stupéfait et que mon vieil esprit militaire fut soudain attristé quand je vis sortir de chez la Limouzin non pas un aventurier plus ou moins exotique, mais un homme droit et ferme que je n'avais jamais vu, mais qu'à son allure, à sa moustache, à sa barbiche grisonnante, à la rosette de la Légion d'honneur qu'il portait à la boutonnière, il était impossible de ne pas reconnaître pour un véritable officier.

Mon agent avait été aussi étonné que moi quand, mis en face non de deux généraux, mais d'un seul, madame Limouzin l'avait présenté au général C..., sous-chef d'état-major au ministère de la guerre !

Les deux agents qui avaient cette mission suivirent le général jusqu'à la porte du ministère de la guerre.

L'un d'eux demanda au concierge quel était le monsieur qui venait d'entrer.

— M. le général C..., lui fut-il répondu, sous-chef d'état-major.

J'étais atterré en recevant ainsi une confirmation indéniable des premières constatations.

C'était un général français qui avait déclaré au faux Langlois qu'il se portait garant des promesses de madame Limouzin !

Je vins, comme c'était mon devoir, rendre compte à M. Gragnon de ce qui avait été fait.

Le préfet ne voulut pas croire que la personne suivie fût réellement le général C....

Il me fit observer qu'il était possible qu'un faux général, se sentant filé, eût été assez hardi pour pénétrer dans le ministère et que le concierge, répondant sans attention, eût été trompé par une ressemblance.

Néanmoins, M. Gragnon estima que nous étions en présence d'une affaire d'autant plus grave que (il ne faut pas l'oublier), dans la première dénonciation, madame Limouzin avait été accusée de s'être procuré des secrets militaires pour les vendre à l'Allemagne.

On sait, d'ailleurs, qu'il n'y avait pas un mot de vrai dans cette accusation.

Le préfet jugea qu'il devait, avant tout, prévenir le gouvernement. Son chef, le ministre de l'intérieur, étant absent, il s'en fut trouver M. Rouvier, alors président du conseil, et lui demanda des instructions.

M. Rouvier fut d'avis qu'il était nécessaire de renvoyer le faux Langlois au ministère de la guerre, afin d'avoir une certitude.

Sur l'ordre que je lui transmis de la part de M. Gragnon, mon agent écrivit au général C... pour lui dire qu'obligé de quitter Paris le jour même, il lui demandait un rendez-vous au ministère de la guerre, quoiqu'il fût dimanche.

Ce jour-là, 1er septembre, à dix heures du matin, le faux Langlois trouva dans son cabinet, au ministère de la guerre, le général C..., sous-chef d'état-major, et il reconnut en lui la personne que lui avait présentée madame Limouzin.

J'avais, de plus, fait accompagner mon agent par un de mes secrétaires, afin d'avoir un contrôle de plus. Aucun doute cette fois n'était possible.

Le général C... était le complice ou la dupe d'une intrigante, dans des conditions dangereuses pour la sécurité nationale. Mais il n'avait commis aucun délit caractérisé.

Sinon, on aurait eu le droit de dire que l'agent qui lui avait été envoyé était un agent provocateur.

Pour constituer un fait passible des peines édictées par le Code pénal contre la tentative d'escroquerie — en admettant toutefois qu'il y eût promesse fallacieuse et que le général ne fût pas à même de faire donner la Légion d'honneur à un de ses protégés, — il aurait fallu que les promesses de madame Limouzin et du général eussent été faites à un contractant de bonne foi, et susceptible d'être trompé.

Car il n'existait dans le Code aucun article punissant le fait d'avoir vendu la décoration de la Légion d'honneur.

Il fallait, en quelque sorte, tourner la loi, admettre que le vendeur de décorations se parait d'un crédit imaginaire et l'accuser d'escroquerie.

M. Gragnon a expliqué très nettement qu'il n'avait alors aucune raison pour prévenir le Parquet, le saisir d'une information qui, dans sa pensée, devait rester d'ordre purement administratif et que certainement il aurait conduite de toute autre façon s'il avait pensé, qu'à un moment donné, elle pût devenir d'ordre judiciaire.

Moi-même je lui aurais fait observer, dans ce cas, à quel point il était grave d'employer un agent provocateur, et j'aurais décliné toute responsabilité dans un fait de ce genre. J'ai toujours été implacable pour l'indicateur qui me semblait avoir eu dans un crime ou un délit un rôle provocateur.

A plus forte raison, dans une affaire d'une espèce aussi délicate, je n'aurais pu admettre qu'un de mes agents remplît ce rôle.

M. Gragnon porta les rapports de mon service et peut-être le dossier au président du conseil et au général Ferron, ministre de la guerre. Je ne sais rien à cet égard. Je sais seulement que mon chef, devant la commission d'enquête, ne voulut rien dire et demanda à être relevé par le ministre du secret profes- sionnel.

M. Gragnon exposa au président du conseil et au ministre de la guerre que les faits cons- tatés ne pouvaient servir de base à une pour- suite judiciaire et émit l'avis que, pour l'hon- neur du pays, pour la dignité de l'armée, pour ne pas affaiblir la confiance du soldat dans son chef, pour ne pas laisser dire dans le pays que celui qui offre de livrer une décoration à prix d'argent est capable de faire pis encore, il ne fallait donner à cette affaire d'autre suite qu'une expulsion de l'armée.

M. Rouvier se rangea à cette opinion, mais demanda qu'une seconde perquisition fût faite chez madame Limouzin.

Je retournai avenue de Wagram et ne trouvai, s'il m'en souvient bien, aucun papier important.

Le 5 octobre, M. Gragnon fut appelé au ministère de la guerre. Là, le général Ferron, après lui avoir demandé quelques détails complémentaires, le fit passer dans une pièce voisine, pendant qu'il interrogeait le général C....

— Monsieur le préfet, dit le ministre quand il vint retrouver mon chef, la chose n'est pas douteuse. Il n'est plus besoin d'enquête supplémentaire. Vous pouvez partir ce soir pour Turin, où vous devez visiter l'exposition internationale du matériel contre l'incendie. Dans les vingt-quatre heures, le général C... sera frappé administrativement, comme il doit l'être...

Le lendemain, le général C... n'était pas encore frappé. Le surlendemain parut le fameux article du *XIXe Siècle* qui mit le feu aux poudres.

On s'est livré à bien des fantaisies sur cet article, et M. Portalis lui-même, le directeur dudit journal, en donna une explication peut-être plus fantaisiste que les autres.

Qui était coupable de l'indiscrétion? Je crois qu'il est bien difficile de le dire, comme il est impossible, maintenant, avec la presse et l'organisation de renseignements des grands journaux parisiens, de se livrer à une opération de police importante et suivie, sans qu'une feuille, au moins par hasard, soit prévenue.

Le dénonciateur, après avoir déclaré qu'il ne faisait sa dénonciation que dans l'intérêt du pays, en avait réclamé le prix et était allé le manger ou le boire dans les brasseries, disant qu'il était « dépositaire d'un secret d'État ».

Tous les ministres connaissaient l'affaire.

Plusieurs de mes agents y avaient été mêlés, ainsi que l'état-major du ministère de la guerre.

Dans ces conditions, il est impossible à Paris qu'un mot n'échappe pas, mettant un journaliste sur la piste de la grosse affaire.

C'est d'autant plus vrai que je reçus la visite de plusieurs reporters, cherchant à savoir de moi quel était le scandale dont on parlait déjà dans le monde politique.

J'avoue que je n'ai jamais voulu mentir en donnant ou en refusant un renseignement.

Ai-je moi-même laissé échapper une dénégation maladroite ?

Ai-je moi-même ainsi, sans le vouloir, mis un journaliste sur la piste ?

Les voisins de madame Limouzin l'ont-ils ensuite complétement éclairé ?

Toutes les hypothèses sont possibles.

Ce qui est certain, c'est que voici cet article, qui mit, comme on le dit alors, le feu aux poudres :

« *La Légion d'honneur à l'encan.*

» Voici ce dont il s'agit :

» Un des plus gros bonnets du ministère de la guerre, un officier général porteur d'un nom historique, tiendrait boutique de décorations de la Légion d'honneur dans les bureaux mêmes de la rue Saint-Dominique.

» Il y aurait une cote de rubans rouges, comme pour les valeurs de la Bourse, les laines ensuite, ou les pétroles de Chicago, variant suivant les saisons, les demandes et surtout les ressources des récipiendaires, de 25,000 à 50,000 francs.

» *Toute une bande*

» Le général, dont on m'a dit le nom, n'agirait pas seul, naturellement. Il aurait de nombreux complices, des rabatteurs chargés de lui amener des clients... On cite notamment un baron prussien et une dame qui habite non loin de l'Arc de Triomphe.

» Il y aurait au surplus un certain nombre de gens compromis dans ces tripotages : officiers, sénateurs, aventuriers cosmopolites, etc.

» On frémit quand on songe que les plans de mobilisation sont dans de pareilles mains. Qui trafique des décorations peut aussi bien

trafiquer des secrets de la défense nationale...
Peut-être, hélas ! le forfait suprême est-il déjà
accompli..

» Il faut que justice soit faite.

» Nous le répétons, le sang-froid et la véra-
cité du signataire de cette lettre offrent toutes
sortes de garanties.

» Mais n'est-il pas étonnant que pour une
affaire aussi grave, qui intéresse l'honneur de
l'armée et la sécurité nationale, le ministère
de la guerre et la préfecture de police se
laissent ainsi devancer ?

» Voudrait-on faire encore le silence et
l'oubli sur ce nouveau scandale ?

» Mais l'opinion publique est désormais
saisie ; elle exigera que la lumière soit faite,
jusqu'au bout, pleine et entière.

» Parce qu'il y aurait un sénateur dans
l'affaire, ce n'est pas une raison pour la laisser
tomber dans de l'eau ! »

Le soir même, à quatre heures et demie, le
commandant Delanne, attaché à l'état-major
général, se présentait à la préfecture de
police et transmettait verbalement à M. Lépine
alors secrétaire général, et remplaçant mo-

mentanément M. Gragnon, alors à Turin, l'ordre du général Ferron d'arrêter le général Caffarel.

Malgré la demande instante de M. Lépine, le commandant ne put lui laisser aucun ordre écrit, aucun mandat, aucune pièce officielle.

Le commandant se contenta d'affirmer que l'ordre d'écrou avait été signé par le gouverneur général de Paris.

M. Lépine voulut se couvrir, naturellement, et, en l'absence de son chef, il téléphona au ministère de l'intérieur.

Il était surtout préoccupé de la difficulté matérielle d'arrêter le général Caffarel, craignant que l'article du *XIXe Siècle* ne l'eût averti et qu'il eût déjà quitté Paris.

Il demanda l'autorisation d'envoyer une dépêche circulaire aux préfets, en vue de l'arrestation du général soit dans un département, soit à la frontière.

En même temps, il faisait appeler M. Taylor, qui venait de reprendre son service, et lui ordonnait de mettre ses hommes en campagne, afin de procéder à l'arrestation du général, s'ils le trouvaient à Paris.

M. Lépine enjoignit dans ce cas de conduire M. C... à la Place et de le remettre entre les mains de l'officier commandant le poste.

Le secrétaire général, si mes souvenirs sont bien exacts, envoya vainement chercher au ministère de la guerre le mandat d'arrestation. Tout ce qu'on lui remit fut un signalement du général C... à l'âge de vingt-quatre ans, pris sur son livret militaire.

Le général C... fut donc arrêté sans mandat.

J'étais absent de la Sûreté au moment où M. Taylor exécuta l'ordre qu'il avait reçu.

En rentrant, lorsque j'appris ce qui se passait, je fus terrifié des conséquences que pouvait avoir une semblable arrestation opérée par de simples agents, auxquels il est impossible de demander le tact que doit avoir un commissaire de police.

Mon respect de tout ce qui touche à l'armée s'était réveillé ; je pensais qu'il suffisait de la maladresse d'un agent pour permettre au général de se suicider.

Je sautai dans un fiacre et me fis conduire

rue de La Trémoïlle, à l'appartement qu'occupait M. C....

Je ne respirai que lorsque je sus que le
général était parti pour la Place avec les deux
agents qui l'avaient arrêté, sans qu'aucun
incident se fût produit.

Le lendemain j'accompagnai M. Atthalin,
juge d'instruction, dans la perquisition qui fut
faite au domicile de M. C.... Nous saisîmes
un gros ballot de papiers. Il n'y en avait pas
un seul qui fût compromettant.

Il ressortait clairement et nettement que
ce malheureux général était avant tout la
victime d'audacieux aventuriers.

Comment s'était-on résolu à l'arrêter brusquement, à perdre sa vie, avant d'avoir contre
lui la preuve d'un délit véritable, d'un délit
caractérisé par la loi?

J'ai encore dans la mémoire les accents
émus de son défenseur, Mᵉ Demange, quand,
devant la Cour d'appel, il rappela le passé
d'honneur et de bravoure de cet homme
devenu victime expiatoire des vengeances et
des ambitions politiques.

En réalité, il ne me déplaît pas d'avoir à

faire cette constatation dans ces pages : le général C... fut une victime du hasard et de la politique.

Son seul crime avait été d'avoir des besoins d'argent, et d'être tombé dans les mains d'escrocs qui l'avaient dévalisé, au lieu de lui fournir les sommes qu'ils lui avaient promises.

Il avait fait des billets à la Limouzin, le malheureux !

Et dans sa naïveté de soldat, ignorant des canailleries parisiennes, il se considérait comme lié à cette femme parce qu'elle avait fait semblant de vouloir l'obliger !

M. le général C..., à qui on est venu enlever la croix de la Légion d'honneur dans une cellule de la Conciergerie, est certainement celui qui, dans cette triste affaire, fut le plus cruellement frappé.

Ce qui est certain, c'est que noblement, silencieusement, il a su refaire sa vie par le travail...

Je ne veux point m'attarder à raconter par le détail ce premier scandale qui eut pour l'avenir de si tristes conséquences et qui fut pour moi l'époque la plus écœurante de mon passage à l'administration.

Du reste, cette histoire est demeurée dans toutes les mémoires, et je ne noterai que les petits incidents personnels dont le souvenir m'est resté.

Ainsi, ce ne fut pas moi qui arrêtai madame Limouzin.

J'avais convoqué cette femme à deux heures, dans mon cabinet, lorsque M. Atthalin, juge d'instruction, me pria de venir avec lui, avenue de Wagram, procéder à l'arrestation de l'inculpée et à une dernière perquisition.

Comme nous entrions dans l'appartement, la bonne nous dit :

— Madame vient d'être arrêtée par trois agents de la Sûreté.

Je fus fort étonné de cet incident inattendu, et j'envoyai immédiatement un agent chercher madame Limouzin, quai de l'Horloge.

Quand elle revint avenue de Wagram, elle me raconta qu'en effet, trois messieurs étaient entrés chez elle et lui avaient dit :

— Vous savez, madame, que vous êtes attendue au service de la Sûreté ?

— Laissez-moi, messieurs, avait-elle répondu, je me rends de bonne volonté chez M. Goron !

— Justement, madame, avaient repris les trois personnages mystérieux, la voiture est en bas.

Madame Limouzin avait été ainsi arrêtée par trois journalistes !

Il paraît qu'en route, leur fiacre croisa celui dans lequel je venais avenue de Wagram avec M. Atthalin.

Ils se nommèrent alors, dirent qu'ils étaient journalistes et l'un d'eux, M. Eric Besnard, déjà nommé, offrit à madame Limouzin de la cacher dans une maison de campagne qu'il possédait. Il voulait ainsi obtenir d'elle, petit à petit, jour par jour, tous les détails de l'affaire qu'il aurait servie aux lecteurs de son journal, par feuilletons, avec la suite au lendemain, comme une œuvre de Ponson du Terrail ou de Gaboriau.

Il est facile de comprendre que madame Limouzin, qui était extraordinairement bavarde, tout en refusant cette offre alléchante, se laissa aller à raconter une foule de choses sensationnelles.

— On a saisi chez moi, dit-elle, des lettres de MM. Wilson, Boulanger, Thibaudin.

Elle donna ensuite complaisamment la liste des personnes qui avaient été en relations d'affaires avec elle.

Le soir même, tous ceux qui furent mêlés au procès qui suivit étaient interviewés.

Dans cette affaire et pour la première fois, je fus en lutte constante avec les journalistes. A la fin, cela devenait agaçant de ne pouvoir faire un pas sans rencontrer un reporter !

Quand j'arrivais chez madame X... ou M. Z... pour faire une perquisition, j'en trouvais une demi-douzaine, le crayon à la main, en train d'interroger « mes clients ».

Quand je dus procéder à une perquisition au domicile du général A..., j'aperçus des fenêtres une bande de journalistes attablés à un café voisin.

C'est dans cette perquisition qu'au milieu de papiers sans grande importance, établissant pourtant que le général avait des besoins d'argent et qu'il se livrait à toutes les opérations les plus bizarres pour s'en procurer, je découvris tout à coup un très joli coffret, fermé à clef.

Un de mes agents, Herbain, parvint à l'ouvrir, et voyant réunies toutes les croix, tous les cordons de M. A..., s'écria avec son accent de gavroche parisien :

— Patron ! la boîte aux échantillons !

Un autre détail amusant.

Déjà, à cette époque, on se préoccupait, quand les gens appartenaient à une certaine classe de la société, de savoir si leur état de santé les rendait transportables ou non au Dépôt !

On disait que M. A... était très malade. Le Parquet se fit accompagner du docteur Brouardel; le célèbre praticien ne put constater qu'une chose, c'est que le malade avait eu la force de prendre la poudre d'escampette ! Cornélius Herz a donné, depuis, beaucoup plus de mal à M. Brouardel !

Je n'ai point ce qu'on appelle une mauvaise tête. Tout au contraire, dans ma carrière administrative, j'ai accepté avec philosophie les leçons de mes supérieurs, et me suis toujours appliqué à obéir.

Dans cette affaire A..., je fus appelé à faire une perquisition, rue du Cirque, chez une demoiselle de l'Hippodrome qui passait pour être l'amie intime du général en fuite. Je saisis tout un ballot de lettres et de papiers et, cette fois, je n'oubliai pas les scellés ! Je poussai le scrupule si loin que j'exigeai que la dame apposât elle-même son cachet sur les paquets.

Or, quelques jours après, elle partait pour l'Amérique. Comme on ne pouvait briser les scellés hors de sa présence, il fallut bien les laisser fermés : le procès eut lieu sans qu'on pût les ouvrir, et ils doivent dormir encore, ensevelis sous la poussière, dans quelque coin du greffe.

Ce qui suffit à démontrer que, en matière de police, il n'est pas toujours facile de mettre d'accord la loi et le bon sens.

Chaque journée apportait alors pour moi la charge nouvelle d'une arrestation ou d'une perquisition, et j'avoue que je ne comprenais pas grand'chose à la façon dont était dirigée cette affaire. Je voyais, sans bien me rendre compte des raisons qui les poussaient, des gens envenimer secrètement un procès dont publiquement ils déploraient les conséquences.

Enfin, le 23 octobre, il me tomba une véritable tuile sur la tête. J'assistais au dépouillement des scellés fait chez madame Limouzin, quand je l'entendis s'écrier :

— Il me manque toutes les lettres du général Thibaudin et deux lettres signées Wilson !

M. Gragnon avait reçu de moi tout le dossier ; j'allai le trouver pour lui faire part des réclamations de madame Limouzin.

Le lendemain, je me retrouvai chez M. Atthalin avec là même madame Limouzin, et encore une fois elle réclama ses lettres avec acrimonie. Nouvelle démarche de ma part chez M. Gragnon, qui alla porter lui-même les lettres réclamées à M. Bouchez, procureur général, Bernard, procureur de la République, et Atthalin, juge d'instruction.

Hélas ! ce n'était point fini !

A l'audience du procès C..., il fut découvert que les lettres rendues par M. Gragnon

avaient été récrites par M. Wilson... par conséquent, soustraites du dossier, détruites et
reconstituées seulement le jour où madame
Limouzin les avait réclamées.

Aucun doute n'était possible. En 1884, date
des lettres, le papier de la Chambre portait, à
droite et en haut de la feuille, la marque des
fabricants ainsi disposée :

B. F. K. — Rives.

Tandis que l'année suivante, la marque
avait été changée, placée au milieu de la feuille
avec cette disposition :

Rives. B. F. K.

Les lettres de M. Wilson, soi-disant écrites
en 1884, l'avaient été sur du papier qui n'avait
été fabriqué qu'en 1885.

Personne n'a oublié le scandale qui suivit
cette révélation, bien que dix années soient
déjà passées depuis tous ces événements.

Mais ce que je n'ai pas oublié, moi, c'est
l'ennui que j'éprouvai lorsque j'appris que
j'étais convoqué devant la commission d'en-

quête nommée par la Chambre. Je me tirai tant bien que mal des entrevues successives que j'eus avec MM. les députés.

Les événements se succédèrent avec une rapidité telle qu'elle dépassait toutes les prévisions.

M. Gragnon, appelé devant la commission d'enquête, se renferma dans le secret professionnel. Il raconta qu'il avait communiqué au ministre de la guerre deux lettres, l'une signée Alexis et l'autre Berger, deux employés qui avaient été immédiatement révoqués. Les lettres de Thibaudin avaient été retrouvées dans un scellé oublié. Il ne restait donc en jeu que les lettres signées Wilson. Voici la déposition que fit M. Gragnon devant la commission :

— Je ne puis vous donner une explication ; quand je fais une déclaration au président du conseil, je ne dois pas la répéter ; il faut que je sois dégagé du secret professionnel qui me lie. J'ai parlé des deux lettres remises au ministre de la guerre parce que le général Ferron m'y avait autorisé. Si le gouvernement m'y autorise, je parlerai pour le reste.

L'attitude de mon chef avait été loyale et digne. Le gouvernement, au lieu de donner au préfet de police l'autorisation de parler, lui demanda sa démission. M. Gragnon refusa de la donner, et il fallut que M. Fallières le révoquât.

Mais, avant de quitter la préfecture, M. Gragnon accomplit un acte de crânerie dont... je lui garde encore une grande reconnaissance. Les journaux du soir publièrent la petite note suivante :

« Par arrêté du préfet de police, M. Goron, sous-chef de la Sûreté, est nommé chef de la Sûreté, en remplacement de M. Taylor. »

Le lendemain, les journaux du matin enregistraient la révocation du préfet de police.

Quand il remit le service à son successeur, M. Bourgeois, M. Gragnon lui dit :

« En confiant à Goron ce poste, qu'il a si bien mérité, je le couvre entièrement. »

Les journaux reproduisirent ce mot trop flatteur pour moi, mais qui précisait bien tout ce que M. Gragnon voulait dire.

Dans toute cette affaire des décorations, depuis le premier jour, je n'avais fait qu'obéir scrupuleusement à mon chef, comme je le devais. J'avais fait mon devoir ; il faisait noblement et loyalement le sien en me couvrant, et il donnait, en même temps, une sanglante leçon à ses chefs à lui, à ceux qui l'avaient révoqué.

Il y avait entre l'attitude du préfet et celle du gouvernement un contraste si frappant, que l'opinion publique fut émue.

On ne peut attendre de moi, au sujet de la disparition et de la réapparition des lettres Wilson, aucune révélation nouvelle, attendu que je n'ai jamais su exactement ce qui s'est passé, et que M. Gragnon, gardant jusqu'au bout le secret professionnel, ne m'a fait aucune confidence.

Tout ce que je puis dire, par exemple, parce que je le sais et parce que cela résulte du témoignage même de madame Limouzin, c'est que les lettres refaites étaient absolument semblables aux lettres supprimées.

Ce qui prouve qu'il eût été plus simple de les laisser dans le dossier, d'autant plus qu'elles n'avaient en réalité aucune importance.

Il est certain que celui qui les a supprimées a eu un trac tel, qu'il en a fait une sottise.

On a dit, dans un grand nombre de journaux, que le préfet de police, sur l'ordre de son ministre, avait communiqué le dossier à M. Grévy, Président de la République. Je ne sais pas du tout si le fait est vrai, mais s'il l'est, M. Gragnon, en obéissant à son chef, a fait simplement ce qu'il devait faire.

Le Président a toujours le droit de connaître tous les détails d'une enquête administrative.

Et, s'il est une chose véritablement monstrueuse, c'est de penser que ce fonctionnaire modèle attend toujours, depuis 1887, la réparation qui lui est due.

D'une grande fermeté, mais aussi d'une grande bienveillance qui lui assurait l'affection et le dévouement de tous ceux qui servaient sous ses ordres, M. Gragnon était un esprit très fin et en même temps très droit, qui avait donné à la préfecture de police une direction très correcte. Nul, peut-être, ne fut meilleur administrateur. Pourtant il fut le premier sacrifié dans cette débâcle de l'affaire

Wilson, et depuis, ou n'a pas su lui trouver la compensation à laquelle il a droit.

Mauvaise leçon pour les fonctionnaires dévoués!

En m'annonçant ma nomination, et pendant que je le remerciais, mon préfet ne voulut pas me laisser une illusion que, d'ailleurs, je n'avais point.

— Je crains bien, mon cher Goron, que votre dignité ne dure ce que durent les roses...

Elle ne dura même pas un matin, elle ne dura qu'une nuit!

Le lendemain, M. Bourgeois m'avertissait qu'il était obligé de me mettre en disponibilité, attendu que j'étais compris dans les poursuites dirigées par le parquet contre M. Wilson et M. Gragnon, sous l'inculpation de détournement de pièces. M. Bourgeois, que je voyais pour la première fois, fut avec moi d'une courtoisie parfaite.

— Comme je n'ai aucun doute sur votre innocence, me dit-il, je tiens à ce que vous conserviez vos appointements pendant votre suspension et je vous autorise à désigner vous-même votre successeur intérimaire!

M. Bourgeois, qui passe pour radical, avait pris à mon sujet une décision qui ne l'était point, et dont je lui devais d'autant plus de reconnaissance, que beaucoup d'appétits étaient éveillés autour de cette place de chef de la Sûreté. Les candidats ne manquaient pas.

Comme, après tout, charité bien ordonnée commence par soi-même, je ne choisis pas parmi mes collègues celui qui me semblait le plus apte à remplir les fonctions de chef de la Sûreté !

Le diable d'homme, pourtant ! Il s'y trouvait si bien que, lorsqu'un mois après, son intérim prit fin, on aurait dit qu'il ne voulait pas quitter la place !

J'eus tout de suite un désagrément plus grand encore, s'il est possible, que ma mise en disponibilité.

Je fus appelé chez M. Horteloup, conseiller à la cour, chargé d'instruire notre affaire.

Il est une chose assez curieuse, mais absolument vraie : ceux qui rendent la justice, ou ceux qui en sont les auxiliaires, sont certainement ceux qui en ont le plus peur !

On dit que les augures ne peuvent se regarder sans rire. Quand deux augures de la justice ou de la police se regardent dans un cabinet de juge d'instruction, il y en a toujours un qui fait la grimace !

Est-ce parce que la longue habitude des choses judiciaires vous permet de savoir qu'il ne suffit pas quelquefois d'être innocent pour être acquitté ? Est-ce parce que l'abus qu'on a vu faire ou qu'on a fait soi-même de l'autorité dans l'entraînement forcé des choses, vous fait craindre de voir cet abus se retourner contre vous-même ?

Toujours est-il que moi, qui étais aussi innocent du détournement des pièces que M. Horteloup lui-même, je faisais une assez vilaine figure dans le cabinet de ce conseiller.

M. Horteloup employa, vis-à-vis de moi, un procédé assez fréquemment en usage chez les juges d'instruction, et que je trouve, quant à moi... fort regrettable... Je n'hésite pas à le dénoncer au moment où il est question de la réforme du Code d'instruction criminelle.

M. Horteloup me fit comparaître comme

témoin, puis, quand j'eus déposé, il me dit :

— Maintenant, ce n'est plus au témoin que je m'adresse, c'est à l'inculpé.

Il est évident que pour moi, qui n'avais rien à avouer, ni même rien à révéler, cela ne changeait pas grand'chose à mon cas. Mais combien de fois en est-il autrement, quand il s'agit de pauvres diables, qui se laissent intimider et qui, tout en étant innocents, arrivent à dire des sottises qui peuvent les faire prendre pour des coupables ?

Et, si calme que fût ma conscience, j'éprouvai un certain malaise quand cet excellent M. Horteloup me lut l'article du Code pénal me concernant, lequel dit : « Tout juge, administrateur, fonctionnaire ou officier public qui aura détruit, supprimé, soustrait ou détourné les actes et les titres dont il était dépositaire, en cette qualité, ou qui lui auront été remis en communiqué en raison de ses fonctions, sera puni des travaux forcés à temps. »

— On verra bien, monsieur Goron, ajouta M. Horteloup d'une voix très douce, si les

autres se décideront à tout dire quand ils ver-
ront qu'on peut vous envoyer pour vingt ans
au bagne !

Je ne pus m'empêcher de lui répondre en
souriant :

— Vous oubliez, monsieur le conseiller,
que le minimum est de cinq ans.

M. Horteloup me convoquait assez fréquemment dans son cabinet et ce fut dans son antichambre que je fis la connaissance de M. Wilson. Car, chose assez curieuse, il ne m'avait
jamais été donné de voir cet homme au profit
duquel j'étais accusé d'avoir détourné des
pièces judiciaires.

Donc, une après-midi, j'attendais mon tour,
pour pénétrer dans le cabinet de M. le conseiller. J'étais d'assez mauvaise humeur et battais
la charge avec mes doigts sur les vitres de la
fenêtre quand un léger bruit me fit tourner la
et j'aperçus, venant d'entrer, et en con-
templation très attentive devant le tableau
des conseillers à la cour, un homme un peu
voûté.

Je reconnus facilement M. Wilson à sa
longue barbe blonde, car, à ce moment, son

portrait était à la devanture de tous les libraires et dans tous les journaux.

Il semblait étudier ce tableau des conseillers avec beaucoup d'attention et faire un effort de mémoire pour bien se rappeler ceux auxquels il avait rendu service.

Étrange aberration, d'ailleurs! car les magistrats sont des hommes comme les autres, plus inflexibles, même, que les autres, et la tradition ne veut pas qu'ils tirent leurs amis du pétrin.

M. Wilson se retourna et tout à coup vint à moi, souriant.

— C'est vous, sans doute, M. Goron? me dit-il.

— Parfaitement, répondis-je, et j'admire votre calme.

— Bast! fit-il souriant toujours. Voulez-vous accepter un cigare?

Et il tirait de sa poche un porte-cigares plein de havanes.

— Pardon, repris-je d'un ton un peu bourru. Si vous la trouvez drôle, moi, je la trouve mauvaise!

M. Gragnon entra à ce moment et il se mit

à rire en voyant M. Wilson me tendre avec
obstination son porte-cigares, sans que je
parusse m'en apercevoir.

— Allons, Goron, me dit-il, vous pouvez
accepter un cigare, vous ne serez point cor-
rompu pour cela !

Je pris le havane... et au même moment je
fus appelé au cabinet de M. Horteloup qui
voulait gentiment me rappeler encore que le
maximum de la peine était vingt ans de travaux forcés !

C'est la seule fois de ma vie que j'ai parlé
à M. Wilson, cet homme étrange qui a su
triompher, par son calme et son silence, de
toutes les attaques dont il fut l'objet.

Dans les dispositions d'esprit où je me trouvais, j'assistai, spectateur presque indifférent,
à toute la tourmente politique d'alors, à la
chute de M. Grévy, aux émeutes place de la
Concorde, à l'élection de M. Carnot.

Les émeutes seulement m'ennuyaient quand
j'étais appelé à la Chambre, devant cette commission d'enquête où l'on faisait régulière-
ment un nouveau feuilleton du roman chez la
portière...

Malgré tout le respect que j'ai de la magistrature et le sincère désir que j'ai toujours eu de croire en l'infaillibilité des magistrats, je ne respirai bien que le 13 décembre, quand la chambre des mises en accusation me mit absolument hors de cause.

En terminant le résumé de cette triste affaire, je veux rappeler la dernière confroutation qui eut lieu entre mon chef et moi dans le cabinet de M. Horteloup, et ce n'est pas sans une certaine émotion et sans un sentiment de reconnaissance qu'il m'est permis de dire avec quelle loyauté et quelle franchise M. Gragnon tint à me dégager complètement.

— M. Goron, dit-il, n'a fait absolument que son devoir et n'a agi qu'en vertu des instructions que je lui ai données; il ne peut avoir aucune responsabilité de ce qui s'est passé... responsabilité, du reste, que je revendique tout entière, n'ayant agi moi-même que d'après les ordres de mes supérieurs. En ce qui concerne les lettres, j'affirme sur l'honneur n'avoir ni brûlé, ni détruit d'aucune façon une seule pièce du dossier. Je n'ai pas à dire autre chose.

28.

Le lendemain matin, je fus appelé par M. Bourgeois, préfet de police.

— L'enquête, qui a été faite par la Justice, me dit-il, vient d'établir que vous n'aviez fait que votre devoir. Je considère donc que le mien est de maintenir la nomination faite par mon prédécesseur. Reprenez votre service comme chef de la Sûreté.

C'est ici que finit mon rôle dans l'affaire dite des décorations qui fut la porte ouverte sur tous les scandales... porte qu'on n'est point parvenu encore à fermer !

Les petites causes engendrent de grands effets. Parce que madame Limouzin avait refusé de rendre une robe qu'elle avait empruntée à la maîtresse de M. X..., celui-ci était venu la dénoncer à M. Gragnon !

Le fait fut établi par les déclarations des deux femmes.

Mais le hasard ne suffit point pour amener les grands événements qui modifient parfois le sort des nations ; il faut la complicité des passions humaines.

Combien, et des plus vilaines, se sont heurtées dans le premier drame politique qui ait inauguré la Terreur moderne, celle où l'on se contente de déshonorer ses adversaires au lieu de les guillotiner, comme jadis.

Ils furent nombreux, les complices de ce scandale !

Il y avait ceux qui voulaient, à tout prix, flétrir le général C....., parce qu'ils espéraient frapper ainsi le général Boulanger qui l'avait choisi comme sous-chef d'état-major.

Il y avait ceux qui voulaient perdre M. Wilson, parce qu'ils voulaient que la place de M. Grévy fût libre.

Il y avait ceux qui avaient à troubler l'eau de leur mieux pour pouvoir y pêcher plus à leur aise...

Ah! certes oui, cette anarchie-là est plus dangereuse que celle de Duval !

C'est l'anarchie dans le gouvernement et aussi l'anarchie dans les consciences !

N'est-ce pas elle qui, depuis dix ans, a paralysé tous les efforts de relèvement moral de ce pays? Qui oserait dire, aujourd'hui, qu'on retrouverait l'enthousiasme, l'héroïsme qui firent la France si belle au moment de l'affaire Schnœbelé?

Et, ce qui est curieux, c'est d'examiner, après dix ans, ce que sont devenus les principaux acteurs de ce drame.

Morts : Grévy, Ferry, Boulanger, Ferron, Thibaudin.

Mort : le conseiller Horteloup.

M. Rouvier, lui aussi, a connu, depuis, d'autres campagnes scandaleuses ; M. Gragnon attend toujours la réparation qu'on lui doit.

Moi, j'écris mes Mémoires.

Seul, M. Wilson semble bien tranquille dans son siège de député, dont personne ne parviendra à le déloger, attendu que — simple retour des choses d'ici-bas — il n'y a pas un député de France qui soit plus populaire dans son arrondissement.

Que de scandales depuis cette époque ! Et que de boue on a remuée !

De « l'invasion à l'anarchie », quel beau sujet pour un philosophe qui saurait faire la psychologie des hommes, et tirer des événements les leçons qu'ils comportent !...

Mais je ne suis point un politicien et n'ai jamais eu la patience d'étudier la philosophie.

Je ne suis qu'un homme d'action qui peut raconter avec simplicité ce qu'il a fait et ce qu'il a vu faire.

FIN DE LA PREMIÈRE PARTIE

* La deuxième partie des MÉMOIRES DE M. GORON a pour titre : *A travers le Crime.*

TABLE DES MATIÈRES

ÉMILE COLIN — IMPRIMERIE DE LAGNY

Dernières Publications à 3 fr. 50 le volume.

AICARD (JEAN). — Jésus. Poème . . . . 1 vol.
— Notre-Dame-d'Amour. Roman . . . . 1 vol.
— Diamant noir. Roman . . . . 1 vol.
— Don Juan ou la Comédie du siècle . . . . 1 vol.
— L'Été à l'Ombre . . . . 1 vol.
ARÈNE (PAUL). — Friquettes et Friquets. Roman . . . . . 1 vol.
AUBERT (CHARLES). — Pantomimes Modernes. Illustrées . 1 vol.
BOIS (JULES). — Satanisme et Magie . . . . 1 vol.
— L'Ève nouvelle . . . . 1 vol.
BOISSIÈRE (JULES). — Fumeurs d'Opium . . . . 1 vol.
BONVALOT (GABRIEL). — L'Asie inconnue. Ouvrage couronné par
  l'Académie française. Portrait et carte . . . . 1 vol.
BOUKAY (MAURICE). — Nouvelles Chansons. Illust. et Musique 1 vol.
CAHU (TH.). — Vendus à l'Ennemi ! . . . . 1 vol.
— La Rançon de l'Honneur . . . . 1 vol.
CATERS (L. DE). L'Amour d'aimer. — Roman . . . . 1 vol.
CHANCEL (J.). — Les Plaisirs gratuits de Paris. Illustré . 1 vol.
DANRIT (CAPITAINE). — La Guerre de demain. Ill. de P. de Sémant. 6 vol.
  (Guerre de Forteresse, 2 vol. ; En Rase Campagne, 2 vol. ; En Ballon, 2 vol.)
— Journal de Guerre du lieutenant Von Piefke. Illustré . 2 vol.
DAUDET (ALPHONSE). — La Fédor. Illustré . . . . 1 vol.
DAVENEL. — Vendeuses d'Amour . . . . 1 vol.
DAYOT (ARMAND). — Le Long des Routes . . . . 1 vol.
DESTIN. — Mieux que l'Amour. Roman . . . . 1 vol.
DOCQUOIS (GEORGES). — Bêtes et Gens de Lettres . . . . 1 vol.
DRUMONT (ED.). — De l'Or, de la Boue, du Sang. Ill. de G. Coindre. 1 vol.
— Mon Vieux Paris. Illustrations de G. Coindre . . . . . . 2 vol.
FLAMMARION (CAMILLE). — La Fin du Monde. Illustré . . 1 vol.
— Stella. Roman . . . . 1 vol.
FLERS (R. DE). — Vers l'Orient. Ouvrage couronné par l'Académie
  française. Illustr. . . . . 1 vol.
GORON. — Mémoires . . . . 4 vol.
GUIRAUD (P.). — La Conversion de Gaston Ferney. Roman spirite. 1 vol.
HOUSSAYE (ARSÈNE). — Souvenirs de Jeunesse . . . . . . 2 vol.
KIST (HENRY). — La Confession d'un autre Enfant du Siècle 1 vol.
MAËL (PIERRE). — Petit Ange. Roman . . . . 1 vol.
MALOT (HECTOR). — Le Roman de mes Romans . . . . . . 1 vol.
— (Mme). L'Amour dominateur. Roman . . . . 1 vol.
MAIZEROY (RENÉ). — Sœur Lise . . . . 1 vol.
MARTRIN-DONOS. — Légendes de Provence . . . . 1 vol.
PIERREFEUX (GUY DE). — Les Martyrs de l'Épiscopat . . 1 vol.
PROUDHON (P.-J.). — Abrégé de ses Œuvres . . . . 1 vol.
RÉGAMEY (FÉLIX). — D'Aix en Aix. Illustré . . . . 1 vol.
RENARD (JULES). — Poil de Carotte . . . . 1 vol.
RENAULT (GEORGES) ET CHATEAU (HENRI). — Montmartre. Illust. 1 vol.
RICHE (DANIEL). — L'Agonie d'une jeunesse. Roman . . . 1 vol.
RICHEBOURG (ÉMILE). — Le Secret d'une Tombe . . . . . 1 vol.
— La Jolie Dentellière . . . . 1 vol.
RIVES (O. DES). — Tôt ou Tard. Roman judiciaire . . . . . 1 vol.
SALES (PIERRE). — Abandonnées . . . . 1 vol.
SILVESTRE (ARMAND). — Contes Tragiques et Sentimentaux.
  Illustrés . . . . 1 vol.
SIMON (JULES). — Derniers Mémoires des Autres. Illust. . 1 vol.
VAUTIER (CLAIRE). — Haine charnelle . . . . 1 vol.
VIGNÉ D'OCTON. — Journal d'un Marin . . . . 1 vol.
VIERGE (PIERRE). — L'Envers du Mal. Roman . . . . 1 vol.
YANN NIBOR. — Gens de Mer. Illustrations de Jobert . . . 1 vol.